Im Arbeitsdienst

Tante Lores Tagebuch von 1941

In Erinnerung an meine Mutter,

die damals noch Ruth Geilert hieß,

und ihre Freundin

Annelore Wittmann

Annelore Wittmann

Im Arbeitsdienst

Tante Lores Tagebuch von 1941

Herausgegeben von Heinz Schott

Bibliografische Information der Deutschen Nationalbibliothek:

Die Deutsche Nationalbibliothek verzeichnet diese Publikation in derDeutschen Nationalbibliografie; detaillierte bibliografische Daten sind im Internet über http://dnb.dnb.de abrufbar.
Die automatisierte Analyse des Werkes, um daraus Informationen insbesondere über Muster, Trends und Korrelationen gemäß §44b UrhG („Text und Data Mining") zu gewinnen, ist untersagt.

Coverbild:
Foto aus dem Tagebuch von Annelore Wittmann (1941)

SCHOTT's NEUE BIBlIOTHEK / 13

© 2025 Heinz Schott
Verlag: BoD · Books on Demand GmbH, Überseering 33, 22297 Hamburg,
bod@bod.de

Druck: Libri Plureos GmbH, Friedensallee 273, 22763 Hamburg

ISBN: 978-3-8192-9501-0

Inhaltsverzeichnis

---

[1] Nur die gelegentlichen Überschriften werden im Inhaltsverzeichnis berücksichtigt.

Vorwort des Herausgebers

Vor einigen Monaten entdeckte ich auf meinem Bücherregal ein großformatiges Tagebuch zwischen dicken Leinwanddeckeln. Ich hatte es vor Jahren neben alten Fotoalben dort eingestellt und dann vergessen. Das Tagebuch stammt von Annelore Wittmann, einer Freundin meiner Mutter, die es im Jahr 1941 verfasst hat. Beide waren damals zum Reichsarbeitsdienst eingezogen worden und im selben Lager in der Steiermark untergebracht. Nach dem Tod meiner Mutter Ruth Schott (1922-2015) fand sich der Band in ihrem Nachlass und wurde mit anderen Erinnerungsstücken von mir übernommen. Vermutlich hat ihn Annelore Wittmann (1921-2012), die alleinstehend und ohne Nachkommen war, ihrer Freundin noch zu Lebzeiten überlassen.

Was ist mein Motiv, dieses Tagebuch zu veröffentlichen? Es handelt sich um das einzige Dokument, welches Aufschluss über eine wichtige Lebensphase meiner Mutter gibt – als „Maid" von 19 Jahren fernab der Heimat, fünf Jahre vor meiner Geburt. Sie hat oft vom „Arbeitsdienst" in der Steiermark gesprochen, einer harten, aber schönen Zeit ohne Fliegeralarm und Hunger, die jedenfalls besser war als der anschließende Dienst in einer heimischen Munitionsfabrik. Leider besitze ich keine Aufzeichnungen meiner Eltern. Was sie in ihrer Jugend und insbesondere im „Dritten Reich" erlebt haben, weiß ich aus ihren gelegentlichen Erzählungen, von denen sich nur Erinnerungsfetzen erhalten haben.

„Tante Lore", wie die Freundin meiner Mutter in meiner Familie genannt wurde, wuchs in Annweiler am Trifels auf, war dort später als Lehrerin an der Volksschule tätig und wohnte zeitlebens in ihrem Elternhaus. Ich erinnere mich an ihre Besuche bei uns in Gerbach, einem Dorf in der Nordpfalz hinter dem Donnersberg gelegen, in dem sich mein Vater als praktischer Arzt mit seiner Familie niedergelassen hatte. Ihr südpfälzischer Dialekt, ein weicher Singsang, klang in meinen Ohren exotisch gegenüber dem harten nordpfälzischen, den ich gewohnt war. Sie hatte eine Leidenschaft fürs Fotografieren und trug deshalb immer eine Kamera bei sich. Sie liebte es, Scherenschnitte und Federzeichnungen anzufertigen, vor allem von Blumensträußen in Vasen. Ihre Schöpfungen wurden ordentlich gerahmt und schmückten die Wände meines Elternhauses. Im Alter von etwa zehn Jahren durfte ich in den Sommerferien zwei Wochen bei Tante Lore in Annweiler verbringen. Trifels, Annebos und Münz – die Silhouette dieses Bergtrios mit ihren sagenumwobenen Burgruinen prägte sich meinem Gedächtnis ein. Die Sensation für mich war jedoch ihr junger Dackel „Susi", der mit Hundepfeife und langer Leine zum Gehorsam erzogen werden sollte. Zuletzt bin ich Tante Lore bei der Feier des 90. Geburtstags meiner Mutter in Kirchheimbolanden begegnet. Es war ein heißer Augusttag, als sie von einer Pflegerin mit dem

Auto aus Annweiler gebracht wurde und gemeinsam mit uns das Mittagessen im Restaurant Schillerhain einnahm.

Wie mir meine Mutter erzählte, sind die beiden Freundinnen Anfang der 2000er Jahre noch einmal in die Steiermark nach Haus im Ennstal gereist, wo sich ihr früheres Lager befunden hatte, um sich mit der ehemaligen Lagerführerin Frau Forstner zu treffen. Man habe sich ausführlich mit ihr unterhalten. Sie habe bedauert, dass sie sich damals so sehr habe täuschen und betrügen lassen. Nach Kriegsende habe sie zusammen mit ihren Kindern sehr schwere Zeiten erlebt. Sie sei von der Dorfgemeinschaft geächtet worden und habe sich nur dank der Unterstützung durch den katholischen Pfarrer, der ihr regelmäßig Lebensmittel vor die Tür stellte, über Wasser halten können. Möglicherweise sind einige Fotos, die fehlen und im Tagebuch sichtbare Lücken hinterlassen haben, anlässlich dieses Besuchs aus dem Band herausgelöst worden.

Das Tagebuch hat das Format 29,7x20,5 cm, umfasst 232 beschriftete und/oder bebilderte Seiten. Sie sind liniert, nicht paginiert und bestehen aus dickem Papier mit Fadenbindung. Der Band enthält 350 Abbildungen, die allermeisten davon sind eigene Fotografien, aber auch einige Ansichtskarten sind eingeklebt. Mit zwei Ausnahmen sind alle Abbildungen Schwarz-Weiß. Die Sütterlin-Handschrift ist durchweg gut lesbar mit blauer Tinte geschrieben, flüssig und ohne Unregelmäßigkeiten oder Korrekturen. Vermutlich gab es eine erste Niederschrift, die dann in dieses Buch mit gleichzeitiger Integration der Abbildungen übertragen wurde. Die datierten tagesaktuellen Notizen sind sicher authentisch, aber die Fotografien können aus technischen Gründen wohl kaum sofort eingefügt worden sein (die Sofortbildkamera war damals noch nicht erfunden). Deshalb stellt die vorliegende Fassung wohl eine spätere Reinschrift dar. Meine Transkription umfasst nur 170 Druckseiten, da Maschinenschrift erheblich weniger Platz beansprucht als eine Handschrift. Gleichwohl habe ich das Layout so weit als möglich dem Original angeglichen. Die Besonderheiten der Schreibweise und Interpunktion habe ich unverändert übernommen.

Wer politische Ergüsse im Sinne der NS-Propaganda oder die Mitteilung intimer Geheimnisse einer jungen Frau erwartet, wird überrascht sein: Dergleichen ist nicht zu finden. Stattdessen sind wir mit einem konkreten Erlebnisbericht einer Autorin konfrontiert, die genau beobachtet und beschreibt: das Lagerleben, den Tagesablauf, das oft karge Dasein der Bauern, die Schönheit der Bergwelt, die Widrigkeiten der Arbeit, aber auch die spielerischen Versuche, dem Alltag etwas Schönes abzugewinnen. Ähneln ihre Schilderungen nicht der „teilnehmenden Beobachtung" von Ethnologen bei ihrer Feldforschung? Ich bewundere ihr Werk, das nun aus verschiedenen Blickwinkeln studiert werden kann.

Bonn, im Frühling 2025   Heinz Schott

26.3.1941.

Einrücken zum RAD.[2]

Bewaffnet mit einem kleinen Koffer und bekleidet mit den ältesten Klamotten, so ging es in Annweiler unter Begleitung meiner Eltern zum Bahnhof. Dort waren schon erschienen die Familien Rothenfelder und Buchmann, Engel und Kayser. Letztere kamen mit Kind und Kegel – und mit sämtlichen Tanten und Anverwandten. Und dann fuhr der Zug ein … ein letzter Händedruck und hier und da ein Kuß. Der Zug hatte kein Erbarmen und entführte uns aus unserer schönen Heimat. Noch schallten uns die Ermahnungen unserer Eltern in den Ohren, – lauter gute Ratschläge. Die Berge rückten immer ferner und ferner und damit waren auch bald alle Ermahnungen vergessen. Einer ungewissen Zukunft fuhren wir entgegen, Anneliese und ich, die wir uns vor Mannheim nicht trennten.

Auf dem Schloßplatz herrschte reges Leben. Die einzelnen Führerinnen waren mit den Lagernummern angetreten und jede Maid hatte ihren Platz zu suchen. Und wir stellten uns in 3-er-Reihen auf. Oh, ja – was waren da für Mädchen, die mit einem im gleichen Lager weiter sollten. Da wurde mal jede einzelne kritisch beguckt. Auf die Dauer aber war auch dies langweilig und ich war froh als Lorle Seib kam und mich zu sich rief. So marschierten wir zwischen den einzelnen Lagergruppen auf und ab und erzählten und erzählten … solange, bis mich eine Maid, es war Emma Niebel, mit verweisendem Gesichtsausdruck zurückrief.

Bald bewegte sich eine lange Schlange zum Bahnhof, wo wir in einen Sonderzug verfrachtet werden sollten. Auch dort waren die Lager nach Wagen eingeteilt. In meinem Abteil fuhren Hildegard Bertram, Marliese Bender, Luise Moser und Gert Held, eine recht bunt zusammengewürfelte Gesellschaft. Wir vertrieben uns die Langeweile mit Liedersingen und Erzählen. Am meisten und ergiebigsten beraubten wir unsre Koffer aller Eßwaren und Süßigkeiten. Und allmählich wurde es Nacht. Zum Fenster konnte man nicht mehr hinausschauen. Was sollte man nur tun? Das Beste, man versuchte zu schlafen. Das aber ist leichter gesagt wie getan. Jedes wollte sich möglichst bequem hinplatzieren. Ein hilfloser Blick zum Himmel, d.h. zur Decke des Eisenbahnwagens offenbarte mir eine prima Möglichkeit. Ich stieg hinauf und legte mich ins Gepäcknetz hinein, das mir lediglich den Vorteil bot, mich ausstrecken zu können. Und wirklich – ich schlief ein. Mein nicht allzu sanfter Schlummer wurde

---

[2] Diese Überschrift (mit dem betreffenden Datum) ist mit rotem Stift geschrieben, der gesamte übrige Text mit Ausnahme der Überschrift auf Seite 12 dagegen mit blauer Tinte.

unterbrochen durch die Rufe Ulm. Augsburg – München – Salzburg – jedesmal wenn
der Zug an solchen größeren Orten Halt machte, dann hallte den Zug entlang unser
Schrei nach Wasser. Erst in Salzburg bekamen wir vom roten Kreuz heißen n Kaffee.
Wir waren die ganze Nacht durch gefahren. Und jetzt endlich begann es wieder Tag
zu werden. So langsam schälten sich die Berge aus dem Nebel heraus. Und wie staun-
ten wir als wir in der Obersteiermark die zerklüfteten Felsen sahen.

Bis herunter ins Tal lag noch Schnee. In Haus stiegen wir als erste des ganzen
Sammeltransportes aus.

Wir waren ziemlich schachmatt und nun hieß es noch eine Stunde marschieren bis
zum Lager. Jedes schleppte seinen Koffer und stöhnte und ächzte bis uns der Bauer

Hubner mit seinem Wagen unser Gepäck fuhr. Wir wanderten der Straße entlang bergab und bergauf. Auf einmal kamen singend und jodelnd 4 Arbeitsmaiden daher. Die imponierten uns riesig in ihren feschen Uniformen. Es waren Liserl Heidinger, Milla Gullinsky[,] Frenzi und Trudl. Die nahmen uns sofort in ihre Mitte und schnabulierten eifrig darauf los. Und bald hatten wir es geschafft und sahen schon die Häuser von Haus. Als wir die letzte Steigung der Straße überwunden hatten, standen wir vor unserem Lager. RAD 10/222.Vom Balkon des Wirtschaftsgebäudes winkten uns zwei Maiden mit weißen Leintüchern entgegen. Unsre Koffer brachten wir hinaus in die Schlafräume und dann ging es in den Duschraum, wo wir den Reiseschmutz ablegen mußten. Aber wie komisch kam uns das vor. Wir standen mal zunächst da und hatten nicht das Herz[,] Hemd und Hose auszuziehen ….. man genierte sich! Bis einige Beherzte es uns vormachten, dann war der Bann gebrochen.

Nachdem wir uns gestärkt hatten, hieß es sich von der langen Fahrt ausruhen. Zum ersten Male begaben wir uns in die Blaukarierten.[3] Und wie himmlisch schiefen wir auf dem harten, neugestopften Stechsack. Nur das Kopfpolster machte uns Beschwerden. Wir schliefen jedenfalls durch bis zum nächsten Morgen. Erst dann ausgeruht machten wir uns daran, das Lager näher zu besichtigen, Und wir kamen zur Erkenntnis, so Baracken, die haben doch was Gutes an sich. Man braucht nicht zu wichsen und zu bohnern und den Schmutz, den sieht man auch nicht so.

In den ersten Tagen ließen uns die Führerinnen noch nicht so viel arbeiten. Wir sollten uns langsam eingewöhnen. Wir waren etwa 20 Mädels aus Pfalz und Baden. Nur die längerdienenden Arbeitsmaiden vertraten die Ostmark. Gleich gefiel uns Altreichern ihre Sprache sehr gut. Obwohl es uns nicht besonders leicht fiel sie zu verstehen. Am meisten erfreute es uns, wenn sie sich zu einem Kreis zusammensetzten und ostmärkische Volkslieder sangen. Das klang so herzig und so nett. Und wenn sie dann noch jodelten, dann kamen wir aus dem Staunen nicht heraus. Noch in den ersten Tagen erhielten Trudl und Franzi die Nachricht, daß sie versetzt würden. So mußten wir diese beiden lustigen Maiden verlieren. Mit ihnen reiste[4] auch Berta

---

[3] Damit sind wohl die Bettbezüge gemeint; siehe die beiden Fotos auf Seite 165.
[4] Im Text steht „rüstete", soll wohl „reiste" heißen.

Boltenauer ab, die der Lagertrampel der vorigen Belegschaft gewesen war. Und wir arbeiteten weiter unter den andern längerdienenden Arbeitsmaieden. K.Ä's[5] waren noch keine da.

Unser Lager[6]

Unser Lager liegt nicht, wie ich es mir immer ausgemalt hatte, in den steilen Berggipfeln drin. Nein, nein, schön brav unten im Tal, aber so schön, daß es nicht besser sein könnte.

Wenn man hinten bei den Baracken raussieht, dann könnte man meinen, man wäre in einem Mittelgebirge. Denn wir sahen da nur die niedrigen Vorberge, die mit Tannenwäldchen bewachsen sind und nicht an das Hochgebirge erinnern. Aber gegen Norden erblicken wir das Vorgebirge zum Dachsteingebirge und da sehen wir vor allem den Kufstein mit seinem Gipfelkreuz. Besonders schön ist das Alpenglühen. Da sind meistens der Fuß und der mittlere Teil der Berge mit Nebel zugedeckt oder nur mit leichtem Dunst überzogen. Darüber ragen dann die Gipfel hervor und leuchten ganz rot auf. Es sieht ganz wunderbar aus. Warum konnte man überhaupt so was beschreiben. Es ist bestimmt nicht leicht.[7]

---

[5] Kameradschaftsälteste
[6] Mit rotem Stift geschrieben.
[7] Die folgende Abbildung (eine Ansichtskarte) ist wie die auf Seite 33 unten koloriert.

Am zweiten Sonntag, den wir in Haus verbrachten [,] durften wir zum ersten Male aus dem Lager heraus. Mit Frl. Gerl machten wir eine kleine Wanderung. Zunächst gingen wir nach Weißenbach; in dem Ort werden auch Maiden zum Außendienst eingesetzt – und dann führte unser Weg immer schön steil den Berg hinauf und wieder hinunter. Zick – zack. Wege scheint man da überhaupt nicht zu kennen. Während unten im Tal die Pflanzen noch ihren Winterschlaf hielten, waren oben schon viele Blümlein erwacht. Zwischen dem schwachen hellen Grün der Wiesen leuchteten kleine Gänseblümchen und Schlüsselblümchen hervor und an moorigen Stellen stand der Huflattich. Lungenkraut und Seidelbast, letzterer sandte einen geraudazu betäubenden Geruch aus. Am Waldrand blühte verborgen unter Farnkraut die Christrose – hier Schneerose genannt – an anderen Plätzen war schon das Erika erblüht. Einmal sogar fanden wir den kleinen Wiesenenzian. Wir stiegen etwa bis in 1000 m Höhe.

Und schauten hinab ins Tal und auf die nur gegenüberliegenden Berge, die noch mit Schnee bedeckt waren. Wir konnten uns an den schönen Bergen nicht satt genug sehen.

Tagesplan[8]

5.⁴⁵   Wecken

5.⁵⁵   Frühsport

6.¹⁵   Waschen und Bettenbauen

6.⁴⁵   Fahne

7.⁰⁰   Frühstück

7.¹⁵   praktische Arbeit

10.⁰⁰   K. Frühstück: „Jause"

10.¹⁵   praktische Arbeit

12.³⁰   Mittagessen

13.⁰⁰   Praktische Arbeit

14.³⁰   Schuhe putzen und waschen

15.⁰⁰   Bettruhe

16.⁰⁰   Bettenbauen

16.¹⁵   praktische Arbeit

17.⁰⁰   Nachrichten

17.¹⁵   Jause

17.³⁰   Schulung

19.³⁰   Abendessen

21.⁰⁰   Bettruhe

....

Lagerruhe !!!

---

[8] Dieser Plan erscheint in modifizierter Form als „Neuer Tagesplan" auf Seite 76.

Unser Bach

Die Enns unser kleines Bergflüßchen führt immer grünes Wasser. Sie ist sehr rei-
ßend und hat viele Strudel. Sie ist vielleicht zehn Meter breit. Und hat überaus schöne
Uferumrandung, so richtig zum Zeichnen, ganz idyllisch. Besonders schön sind die
Stellen, an welchen noch kleinere Gebirgsflüßchen
einmünden. Dort gluckert und rauscht es und ab
und zu schlagen die Weidenzweige in den Bach,
daß das Wasser hochaufspritzt.

20.4.41.

Heute morgen wurden wir vereidigt. Bei der
Fahne mußten wir den Eid nachsprechen und
am Ende bekamen wir bei der Verpflichtung
die Reichsarbeitsdienstnadel angesteckt.

Um ½ 11 Uhr wohnten wir einer öffentlichen
Feier auf dem sogenannten Schloßplatz bei.
Alle Formationen waren dort angetreten, in
Uniform allerdings nur außer dem Arbeitsdienst die H.J. des KLV-Lagers-Haus und
Ennsling.[9] Alle andern waren in ihrer heimatli-
chen Tracht erschienen.   Und das war bestimmt viel netter. Unter den Klängen einer ty-
pischen Bauernkapelle ging es durch das Dorf.
Wieder auf dem Dorfplatz angekommen, nahm
die Feierlichkeit ihren Fortgang. Der Lehrer
hielt eine kleine Ansprache und die H-J Jungens aus dem Rheinland-Westfalen tru-
gen Gedichte und Sprechchöre vor. Die Feier war gut aufgezogen, besser als wir erwartet hatten; nur die Musik hing immer hinten dran. Als wir weg marschierten sangen wir unser Leib- und Magenlied: „Die blauen Dragoner ...."

---

[9] KLV = Kinderlandverschickung

So schöne Ostern wie in Haus habe ich selten erlebt. Um 10 Uhr kamen die Führerinnen in die einzelnen Kameradschaften und weckten uns mit der Aufforderung, Eier suchen zu gehen. Wir schlüpften in den Trainingsanzug und spazierten mal schön gemütlich hinaus, denn wir faßten das Ganze als einen Osterscherz auf. Als aber dann die ersten mit einem Nestchen und 2 Eiern angerückt kamen, ja, dann nahmen auch wir andern die Lage ernst und gingen auf die Suche. Im Schuppen, im Dusch- und Waschraum auf dem Dach, da überall konnte man die Eier entdecken. Ich fand mein Nest in einer Orangekiste im Schuppen.

Der Frühstückstisch im Tagesraum war ganz prima gedeckt. Aus Ostereiern waren Blumenvasen gemacht worden. D. h. ich hatte sie gemacht. Jede Maid hatte einen ganzen Teller voll Gaben. Darauf waren zwei weitere Ostereier, eines mit einem Spruch als Platzanweisung versehen, 2 Tafeln Schokolade, Gebäck, 1 Grampe[10] und einen kleinen Hefekranz. Nach dem Frühstück wurde das Wurde das Stegreifspiel „Dornröschen" uraufgeführt. Marianne spielte Geige und Ruht[11] [sic] sang dazu.

---

[10] Möglicherweise mundartlich für Grammel, kleiner Krapfen.
[11] Gemeint ist Ruth Geilert.

So hatten wir auch einen bunten Abend. Jede Kameradschaft sollte zum Programm beitragen. Aber wenn man was beitragen will, muß man auch Zeit opfern. Schließlich schwang sich von unseren Maiden keine dazu auf. Aber, die 3. Kameradschaft durfte doch nicht blank dastehen. Was machte ich nun? Ja, den Ansager, setzte mich hin und opferte mein bißchen Freizeit, d.h. damals hatten wir mehr, um Zwischenverse und einen kleinen Reim zu machen. Ich hatte einen Smoking von Dr. Clemente, unserem Lagerarzt an. Und allen hat es gut gefallen.

Der Abend war nämlich der Abschiedsabend für unsere Führerin. Alle waren fabelhaft maskiert um den Abschiedsschmerz so zu überbrücken.

Zum Beginn[12]

Am Donnerstag Morgen um halb zehn,
Ja, da konnten die Hauser was seh'n:
Angeschnaubt vom Bahnhof 'rauf
Kam ein ganzer Mädelhauf'.

Die schnauften und keuchten und fluchten
Und nach weiteren Schimpfwörtern sie suchten:
„Himmelkreitzdunnerweddernochäähmoh-l,
Daß des glei de Deiwel hol!"[13]

Und endlich nach vieler Müh' und Plagen
Kam man im Lager an;
Die Koffer standen auf einem Wagen
Mit einem Gaul vorn dran.

Doch im Lager dann ….
Ja, da fing ein neues Leben an.
So manche jammerte nach weichen Kissen,
Die mußte sie gar sehr vermissen.

Zuerst waren die Pfälzer - Badener allein
Das mochte dann so passend sein!
Nach ein paar Tagen kamen zwei weitere Mädchen
Eine tat es schon gar wagen,
Zu übernachten im fremden Städtchen.

Christa Steffens u. Erna Beer
Kamen angewaltzt [sic] von Gröbming her.
Zuerst kamen sie uns ganz miese vor.
Doch dann erkannten wir ihren Humor.

Besonders Christa, das holde Mädchen
Schnurrt die Späße herunter, so wie am Rädchen.
Sie hat mit den Jungens schon nähere Bekanntschaft geschlossen,
Die haben ihren Anblick auch schon im Schlafanzug genossen.

---

[12] Die Verse beginnen mit Groß- und Kleinbuchstaben, werden hier einheitlich groß geschrieben.
[13] Ein Fluch in pfälzischem Dialekt.

Nur nach kurzer Frist
Kamen alle andern
Wie das nur möglich ist,
In Lager 'rauf gewandert.

Aus Graz, Leoben und auch Villach
Kamen die Mädchen
Und schieden mit Weh und Ach
Von ihren Heimatstädtchen.

Und nun erst im Lager
Fing es richtig an
Anfangs waren alle schön mager
Allmählich setzte sich das Fett schon an.

Hatte einmal eine
Im Untersuchungszimmer was zu tun,
Dann mochte sie nicht ruh'n,
Bis sie hatte festgestellt
Um wieviel Pfund sie aufgequellt.

So ist's nach 4 Wochen jetzt
Doch nach einiger Zeit
Da ist es schon so weit
Daß alle aus den Kleidern platzen zu guter Letzt.

Und alle haben sich nun eingelebt, gar fein;
Sie möchten immer im Lager sein.
Sie packen die Arbeit an mit frischem Mut,
Denn da gefällt sie ihnen sehr gut.

Ihr wißt alle,
Wie's mit dem Schaffen ist bestellt,
Wenn ein freundlich Gesicht es erhellt.
Duckmäuser gibt es nicht,
Da unsre Führerinnen sind keine Bösewicht.

Sie wollen für uns alle das Beste,
Helfen oft mit ganz feste.

Doch eines kann die Maiden
Oft sehr verdrießen,
Oh, ja könntet ihr doch alle mal
Den Außendienst genießen.

Fast jedes Haus, das lieg ganz nah;
In zwei Minuten ist man da
Man braucht gar keinen Berg hinauf
Und kommt so nie aus der Schnauf.

Alle Arbeit ist mit Vorsicht anzufangen
Alles mit Handschuhen anzulangen
Vor allem schaue nicht in jede Eck ….
Sonst fliegst du in die Luft vor lauter Dreck.

Und eigentlich ganz komisch ist's,
daß draußen die Maiden fast essen nichts.
Die Armen haben's im Magen
Und können absolut nichts vertragen.

Aber dann kommen sie
Ganz ausgehungert heim
Und stürmen in die Küche rein.
Erna aber, der Brummbär
Gibt ihnen gar nichts her.

Aber dann bei der Stehjause
Da essen sie, fressen sie ohne Pause
Wenn es nur genießbar ist,
Wandert es hinunter ohne Frist.

Nun will ich Euch nicht weiter plagen,
Was wäre auch sonst noch viel zu sagen?
Wir gehen weiter zum eigentlichen Programm
Als erstes kommt ein Märchen dran.
   :
   :

Und nun strengt euch ein wenig an,
Denn jetzt kommt eine Scharade dran.
   :
   :

Es zog ein Gänslein über den Rhein
Und kam als Gigak wieder heim,
So stellte sich jener nicht an
Der da war der Postamentelmann
.
.
.

Horch was kommt von draußen 'rein:
Ach es wird ja wohl die Mine sein!.
.
.
.

Bist du einmal ohne Stellung
Dann hatte[14] vor den Türen, vor einer jeden
So ganz ohne Hemmung
Gustels Antrittsrede.
.
.
.

Heutzutage sind der Leute viel erkrankt
Oh, seht nur, wie darauf eine zur Sprechstunde schwankt.
.
.
.

Lachen ist gesund,
drum lacht mit frohem Mund!
.
.
.

       Im Theater!
.
.
.

Und zum Zweiten was zu Raten
Wieder eine Scharade.
.
.
.

Kleiner Mann, was nun?
.
.
.

Wir hoffen, daß euch unser Programm gefallen hat
Und schließen unsere Sendung.
Wir wünschen allen eine gute Nacht,
Der Abend findet seine Beendung!

!!! Hallo, Hallo, hallo !!!
Hier ist der Privatsender des Lagers 10/222 Haus. Angeschlossen waren Birnburg,
Oberhaus, Markt Haus, mit Rückstrahler nach Weißenburg und Höhenfeld.

---

[14] Evtl. Schreibfehler.

Verehrtes Publikum, liebe Hörer und Leser, zum ersten Male brachten wir hier eine Fernsehsendung. Sie fühlten sich versetzt in die fernsten Gestade unseres Landes, sahen die erlauchtesten Gestalten und blickten in die tiefsten Winkel des täglichen Lebens.

Dieser Abend war der Abschiedsabend für Frl. Briner gewesen. Wir haben ihren Abgang erst vor vier Tagen erfahren. Das war ein Kopfhängen und die Tränen flossen. Heute morgen nahm sie endgültig von uns Abschied. Wir Innendienstler sahen sie

länger. Und wir mußten beim endgültigen Abschied keine Tränen vergießen und wir hatten gedacht, wir würden fortschwimmen vor lauter – lauter ….

Dann aber rannten wir um ½12 Uhr über die Wiesen runter zum Bahngleis zu 12. Dort stellten wir uns hin und warteten und warteten. Schließlich wurde dies manchen zu lange und eine legte sich mal auf das Mitgenommene Leintuch, eine andere schmiß sich so auf den Boden. Todmüde waren wir ja alle. Wie erschlagen sahen wir aus. Als dann Frl. Briner vorbeifuhr, dachten wohl die Soldaten im Fronturlauberzug, was für eine komische Gesellschaft das sei. 2 Leintücher und unsre roten Kopftücher flatterten lustig im Wind.

Frl. Briner kam nach Jena auf die Hochschule für U und F d.h. Unterricht- und Feierabendgestaltung.

Der Frühsport

Um ¾6 Uhr kommt die Führerin vom Dienst und flötet: „Es tut mir leid, es ist so weit, aufstehen!" Dann schlüpft man in Windeseile aus dem Schlafanzug in den Trainingsanzug. Und runter rennt alles zum Antreten. Mit fliegenden oft noch ungekämmten Haaren geht's im Laufschritt durch das Dorf. Die Burschen schauen da mir recht interessiert. Die älteren Bauern und besonders die Frauen aber drehen sich mit höchst entsetzten Gesichtern um. Nein … soviel Fleisch ohne Fleischmarken!!!

28.4.41.
Seit unsre Lagerführerin weg ist, ist im Lager der Teufel los. Eine Jungführerin ließ sich von einer Maid die Haare färben. Die Kopfhaut ist natürlich genauso dunkel. Und Maja, die Maid, hat ganz blauschwarze Hände und muß warten bis die neue Haut nachwächst. Allerdings nach einer Woche schon wurden die Haare entfärbt und nahmen einen rötlichen Glanz an.

Gestern waren unsre Maiden in Schladming im Kino. Zu viert blieben wir im Lager zurück. Zu diesen Glücklichen zählte auch ich, es war prima. So ruhig und so gemütlich. Mit mir blieb noch eine Kameradschaftsälteste, Christa Steffens, und Gusti Seydl und Dora Fischer im Lager. Wir wuschen mal erst das Jausengeschirr ab und räumten alles ordentlich ein. Anschließend hatten wir frei. Wir heitzten [sic] noch in der Verwaltung ein und Frl. Sablatnig, unsere Verwalterin, lud uns ein in Frl. Briners ehem. Zimmer zu gehen und dort Wunschkonzert zu hören. Wir natürlich, nicht faul, rannten rauf in unsre Kameradschaften, klaubten alle unsre Sachen zusammen und hinunter ging's zum Wunschkonzert. Frl. Sablatnig kam dann auch und stickte an einer Kreuzstickdecke. Als wir zwischendurch mal in unsre Kameradschaften kamen, fanden wir auf unsern Betten 2 Orangen und eine Tafel Schokolade. Das war fein. Schließlich brachte uns Frl. Sablatnig noch herrlichen Füherinnnen-topfenkuchen aus der Kammer. Dieser und noch weitere Schokolade war dann unser Nachtessen. Und dazu noch Symphoniekonzert …. Besser hätten wir's bestimmt nicht haben können. Die andern mußten für ihr Vergnügen Geld bezahlen und sich obendrein

noch plagen. Wir bekamen alles umsonst, für das Opfer, das wir brachten., auf ein Vergnügen zu verzichten. Dann hieß es bei Einbruch der Dunkelheit: „Verdunkeln!" Wir verdunkelten natürlich zuerst den Lagerraum und die Küche und … aßen uns nochmals voll an mit belegten Brötchen und tranken entrahmte Süßmilch. Dann ging es zu den Kameradschaften und am Schluß in die Verwaltung.

Und dann gings wieder in die Kameradschaften und holten unsre Sachen, weil wir wieder Radio hören wollten. Wir verlebten einen gemütlichen Abend bis 10 Uhr. Darauf schlüpften wir in unseren Strohsack Die andern kamen erst um ¾11 Uhr und erzählten von einem lustig verlebten Tag. Wir aber hatten es doch leichter gehabt.

30.4.1941

Ein schöner Tag beim RAD

Um ¼7 Uhr kam die Führerin vom Dienst und weckte uns. Diesmal war es Frl. Sand-

ner. Sie weckte uns so spät, weil der Frühdienst verschlafen hatte. Erst um 6 Uhr waren sie runter gerannt. Unser herrlicher Lagerwecker war mal wieder verrückt und hatte versagt. Wir hatten infolge der Verspätung keinen Frühsport und gingen um 7 Uhr gleich zur Fahne. Danach verzehrten wir mit Wohlbehagen Müsli, das sind Haferflocken mit Zucker und Milch.

Nach dem Kaffee zeigte uns Frl. Sandner Teschkekarten[15], alle haben welche erstanden.

Dann hieß es „Antreten". 12 Mädels fuhren nach Schladming zum Förster um Bäume zu pflanzen. Die übrigen gingen nach Haus, Oberhaus, Weißenbach, Bimberg, Höhenfeld, Niederberg, Sonnberg – und wie die Nester alle hießen. Der Innendienst wurde eingeteilt. Ich kam mit Milla Gullinsky und Berta Struß in die Waschküche. Wir hatten feste zu tun. Hemden und Hosen von 48 Maiden waren aufzuhängen, Blusen zweimal auszurumpeln[16], zu kochen, wieder auszurumpeln, zweimal auszuwaschen usw. Dann kamen die Schlafanzüge an die Reihe. Das war vielleicht eine Arbeit. Aber schön war's doch. Um 10 Uhr war Jause. Sogar trockenes Brot verzehrte ich hintennach mit Wohlbehagen. Wir arbeiteten mit Unterbrechung durch das Mittagessen bis um 3 Uhr durch, räumten die Waschküche provisorisch zusammen und traten an, zusammen mit den andern Maiden, die inzwischen vom Außendienst zurückgekommen waren. Und schon wieder wurden wir für den Nachmittag in die praktische Arbeit eingeteilt von ½ 4 bis ½ 6 Uhr. Unsere KÄ Berta Struß hatte ihren freien Nachmittag und war im Dirndl nach Gröbming gefahren. Milla und ich waren nun allein in der Waschküche. Da war's nicht mehr gar so lustig. Am Morgen da war's ganz toll zugegangen. Einmal bekam unsere gute Berta einen Wut- oder Freudeanfall, drehte die Wasserleitung an …. Hob den Schlauch in die Höhe und spritzte uns an. Wir waren derart naß, dass wir uns zum Trocknen an die Luft stellen mußten. Doch wir hatten Berta Rache geschworen. Als sie so nichtsahnend Schlafanzüge auswringte, kam Milla und ärgerte sie so lange bis sie diese beschimpfte. Schließlich

kam es zu einem freundschaftlichen Krach. Der Waschkübel stand so schön am Boden und plötzlich faßte Milla Berta unter die Arme und …. Und schwupps di wupps saß Berta im Waschkübel. Später als wir uns alle von dem Schrecken erholt hatten, machten wir uns gemeinsam an die Arbeit Bertas Wäsche zusammenwringen. Da hätte mal jemand anders sehen sollen! Wir haben vielleicht gelacht. Ja, beim Arbeitsdienst herrschen so Sitten …. aber man wird abgehärtet. Nun wieder zurück. Milla und ich wuschen weiter, rumpelten Handtücher aus und machten sonst noch alles fertig.

---

[15] Seinerzeit sehr verbreitete künstlerisch gestaltete Ansichtskarten.
[16] Ungebräuchliches Verb, entstammt möglicherweise dem lokalen Dialekt.

Als ich dann rauskam zum Aufhängen, da lag da eine Wäscheklammer und dort lag eine und bildeten vielleicht eine 10 m lange Schlange, an deren Ende der Klammernsack den Kopf darstellen sollte. Komisch!!! Wer sollte dies gemacht haben? Es war unser kleiner Burschi, der Hund vom Nachbarn, der alles Mögliche und Unmögliche anstellt. Während die andern in der praktischen Arbeit schufteten und schwitzten, haten Milla und ich noch viel Zeit. In unserm Trockenraum legten wir uns der Heizung entlang hin und pennten, die Jacken unter dem Kopf. Aber todmüde waren wir. Stellt man sich nur die Berge von Wäsche vor, dann hat man schon genug. Um 6 Uhr gongte es. Wir traten dann mit an und mußten aber zuvor wieder alles aufschließen, denn wir hatten uns eingeschlossen, daß nur niemand was beschmutzte …. und daß wir nicht erwischt würden. Als dann die andern nochmals zur Arbeit eingesetzt wurden, machten wir uns dünn und verschwanden zum Duschen. Um 8 gingen wir dann zur Fahne, hatten anschließend frei bis 9 Uhr und darauf fielen wir todmüde auf unsern Strohsack. Geschlafen haben wir diese Nacht ganz himmlisch. Und am andern Morgen waren wir doch noch müde. Ja, ja, so ists!

— • — • —

7.5.1941

Lumpazi Vagabundus

Am Freitag, den 2. 5., waren wir abends im Kino. „Lumpazi Vagabundus" mit Heinz Rühmann, Hanns Holt, und Paul Hörbiger. Das war ein Zimmet. Im Kino? Ja in Haus im Gasthof Steyer wurde von der Gaufilmstelle aus der Film gedreht. In herrlicher Aufmachung fand die Vorführung statt. Bei Mayer gastierte gerade ein Bauerntheater. Um 8 sollte die Vorstellung beginnen und um ½9 erst kamen die Honoratioren von Haus. Der Arbeitsdienst saß in einheitlicher Uniform hinten auf den langen Bänken oder auch auf Tischen, auf Fensterbänken usw. An den Hirschgeweihen die Hüte der Bauern …. ja, sie wissen fast alles auszunutzen. Beginn!!! ¾9 Uhr.

Zuerst die Wochenschau. Allmählich wurde der zuerst eiskalte Saal warn von den Ausdünstungen und Vergasungen der vielen Filmfreunde, die Luft wurde dicker und dicker und schließlich riß der Filmstreifen noch ab. Aber das konnte die Hauser Bevölkerung nicht verdrießen, sie nutzte vielmehr diese Unterbrechung aus, ihre trockenen Kehlen wieder zu befeuchten. Alles saß eng zusammengepfercht und viele Leute standen noch. Ruth Geilert prägte den Satz: „Es soll nie mehr als einer auf einem Haufen stehen!" Diese enge Wirtschaft und dann noch Alkoholgeruch!

Der Film war auch nicht besonders. Das einzige, man hat mal wieder lachen müssen. Um ½12 Uhr waren wir erlöst.

Den nächsten Morgen durften wir bis ½7 Uhr schlafen. Es ist zwar noch nicht klar, ob „durften" die richtige Beschreibung ist; es kann ja auch sein, daß der Frühdienst verschlafen hatte und die Führerin vom Dienst nicht rechtzeitig geweckt hat.

Am Samstag, 3. 5., arbeiteten wir bis 2 Uhr. Dann hatten wir frei, d.h. meine Kameradschaft hatte Küchendienst. Um ½5 Uhr fuhren 10 Mädels mit Frl. Sandner nach Schladming. Darunter waren auch Ruth Geilert, Marliese Bender und ich. Für Lorle wollte ich was zum Geburtstag erstehen. In Schladming gingen wir zuallererst ins Kaffee um uns zu erfrischen. Zu Torte muß man außer Kuchen- auch noch (Brotmarken u.) Fettmarken abgeben.

Um ¾7 Uhr machten wir uns auf den March zum Kino : „Der liebe Augustin." „Eine besondere Steigerung des Lumpazi Vagabundus!" stand auf der Anzeige des Kinos. Wir wollten schon durchbrennen, als wir das lasen. Aber die Karten hatten wir und mußten rein. Zu unsrer großen Freude hatten sich die Kinobesitzer geirrt. Mit ihnen wohl auch die Einwohner von Schladming. Denn ausgerechnet bei den Stellen, die am ernstesten und gruseligsten waren, da lachten sie mit vollem Halse. Die Dorfbewohner hatten den tiefen Sinn des Films nicht erkannt. Als die Vorstellung zu Ende war, hieß es bei Nacht und Nebel von Schladming weg nach Haus marschieren.

Marliese, Ruht [sic] und ich mußten noch wohin. Wir verschwanden in die nächstbeste Achterbahn. Es war höchste Eisenbahn. Und siehe da, als wir heraus kamen, waren alle andern Maiden verschwunden. Nun hieß es rennen. Wir frugen uns erst mal den Weg durch und marschierten tapfer drauf los: „Wozu ist die Straße da, zum Marschieren, wozu sind die Füße da …. usw!" summten wir vor uns her. Wir überholten viele Klümpchen und immer dachten wir, aha, das sind sie! Aber – sie waren's nicht. Wir kamen daher wie drei Männer mit festem Schritt. Der Mond schien ganz hell. Rechts und links säumten Zäune unsern Weg. Gespenstisch reckten sich Tannbäume und anderes Gestrüpp in die Höhe. Ab und zu tauchte eine Heuhütte auf.

Hüben und drüben sah man in etwa 50 m Entfernung die gewaltigen Felsmassive, so auch die Dachsteinsüdwand.

Als wir so nichtsahnend dahingingen, ertönte plötzlich ein schriller Pfiff. Zwei Lausbuben hatten uns erschreckt. Etwa 200 m vor Oberhaus kamen uns sechs Burschen vom Dorf entgegen. Wir aber, gingen mutig vorbei und schauten sie nicht an, und sie sagten: „mit denen ist nichts anzufangen!" und gingen weiter. Um ½12 kamen wir als erste im Lager an. Wir klopften an Frl. Sandners Laden …. Niemand regte sich. Wir brachen ins Verwaltungsgebäude ein, und Frl. Sablatnig empfing uns im Schlafanzug. Gemeinsam erweckten wir Frl. Rauter, die auf Frl. Sandners Sofa eingeschlafen war. Sie gab uns die Schlüssel zur Küche und wir aßen uns satt. Dann kamen die andern und besonders Frl. Sandner war froh, daß wir schon da waren, denn sie hatte geglaubt, wir hinkten hinten nach.

Am Sonntag Morgen standen wir um 9 Uhr auf. Bei der praktischen Arbeit setzte ich mich hinter die Baracken, denn unsre Kameradschaft hatte Küchendienst. Morgens hatte ich noch keinen. Unsre Mädels hatten die Kameradschaften in einzelne Sympathiegruppen eingeteilt, die eine arbeitete samstags, die andere Sonntag früh und die 3. mußte Sonntag Mittags arbeiten, während die andern Ausgang hatten und nach Schladming fuhren.

Der Heizer

15.5.41

Also, ich bin nun neu eingeteilt worden. Im Haus. Und zwar bin ich Heizer. Da stehe ich mit den andern auf, und renne noch vor dem Frühsport in die Heizung hinunter. Da heißt es dann, schnell die Schlacken herausschaufeln und auf die Glut Koks drauf. Vorher aber muß man alles tüchtig durchstieren. Es pengt! Und schon geht's im Laufschritt auf die Straße. Nach dem Frühsport ist meine erste Sorge wiederum die Heizung. Schnell hole ich ein paar Eimer Koks herein.

Nach dem Frühstück geht es dann erst richtig los. Neben dem Heizraum habe ich noch Dusch-, Wasch- und Vorraum zu putzen, den Schuppen und den Kohlenkeller auszukehren und in Ordnung zu bringen. In der Heizung muß jeden Tag noch aufgeputzt werden und etwa jeden Tag 20 Eimer Koks sind runter zu schleppen. Manchmal muß ich ihn noch erst kleinhacken.

Aber rußig wird man. Schwarz wie die Nacht. Die Heizung muß man ganz selbständig machen. Kein Mensch hilft mir. Aber andrerseits gibt es auch keine Reibereien mit den andern Maiden. Und das gefällt mir. Seit neuester Zeit putze ich auch noch die Achterbahn. Anfangs habe ich mich vielleicht geekelt. Aber man gewöhnt sich an alles. Wir haben jetzt durchgehende Arbeitszeit bis 4 Uhr. Ich habe mir aber die Erlaubnis geholt, kurz vor Arbeitsschluß noch zu duschen, da ich so schmutzig bin und mit diesem Schmutz nicht in den Sport schlupfen können.[17] Um ½4 Uhr beginne ich mich gemütlich zu waschen. Das nütze ich aus, denn später kommen die Maiden und das ist ein Drängen bis die einzelnen drankommen. Am ganzen Körper muß ich mich abschrubben.

Nach der Arbeitszeit ist meine Arbeit noch lange nicht beendet. Immer muß ich runter und auflegen. Sogar Nachts nach dem Gute Nach Sagen. Von Rechts wegen müßte ich in der Nacht aufstehen. Aber bisher habe ich die Heizung immer so durchgebracht. Ich stelle die Klappe zu und lege bis oben hin voll.

16.5.41

Wenn man zum Haus gehört, muß man noch allerhand Besorgungen erledigen. So holten Lorle von Savageri[18] und ich Milch. Dabei begegneten wir so netten Jungens die von der Schule heimgingen.

---

[17] Vermutlich soll es „kann" heißen.
[18] https://de.wikipedia.org/wiki/Lorle_Herdey-von_Savageri (21.01.2025)

Ein andermal mußte ich mit Elli Baumgartner Milch und Brot holen. Außerdem waren noch 2 kg Bröseln zu besorgen. Mit dem „grünen Wagen" zuckelten wir los. Elli ist eine Ostmärkerin. Auf dem Weg zum Bäcker sagte ich zu ihr: „Wenn ich nur einen frischen Weck ohne Brotmarken bekommen könnte!" Elli meinte: „I versuch's!" Also beim Bäcker traf Elli, die schon im Außendienst war, einen Herrn Direktor mit 300 M Gehalt im Monat und der bei ihnen Außendienstbauer als war. Sie unterhielt sich ausgezeichnet mit ihm. Inzwischen hatte der Geschäftsmann den Wäschekorb mit Brot gefüllt und die Frau aus sämtlichen Schubladen das Weckmehl zusammengekratzt, daß sie ja 2 kg zusammenbrächte. Plötzlich fing Elli an: „Oh, Herr, Sie dürfen nun nicht beleidigt sein, wenn ich Sie was frage, könnte ich vielleicht einen Wecken Brot ohne Marken bekommen. Ich habe nämlich so einen Trumm Speck in meinem Spind und kein Brot dazu." Der Bäcker aber gab nichts her. Elli schäkerte nun mit dem Herrn Direktor, Herr Direktor hinten, Herr Direktor vorn, Herr Direktor überall und schließlich hatte sie es soweit gebracht, daß ihr der Herr D. Brotmarken gab. Ich kam bei der ganzen Sache nicht recht mit und glaubte nicht an den Trumm Speck. Schließlich schenkte der alte gemütliche Herr mit Schmerbauch Elli noch das Brot. Als wir dann endlich draußen waren, sagte Elli zu mir: „Jo, da hast du das Brot!" Ich machte ein dummes Gesicht. Als Pointe von der ganzen Geschichte stellte sich heraus, daß man hier zu Brot: „Weck" sagt. Elli wollte das Brot dann zurückbringen aber ich hinderte sie daran und meinte sie solle es abends in ihrer Kameradschaft austeilen. Aber es sollte anders kommen. Wir schmuggelten zunächst das Brot mit dem Wagen ins Lager und dann unter dem Mantel hoch in die Kameradschaft 4. Im Wohnraum war der ganze Hausdienst versammelt. Da begeben wir uns dann auch hin. Da alle sehr hungrig waren, teilte Elli den Brotlaib aus. Hättet ihr nur das Bild sehen können, wie wir dasaßen: Erna Beer , Maria Moser, Klara Rogginer, Elli Baumgartner und ich, alle einen Keitel Brot in der Hand; immer bedacht aufzuspritzen, wenn jemand kommen sollte. Als dann mal wirklich die Tür aufging, spritzte jede hoch und griff nach dem nächstbesten Saubermachungsgerät und wollte davonstieben. Aber es war nur Lorle von Savageri. Wieder folgte eine Lachsalve, da wir uns so ins Boxhorn jagen ließen.

19.5.1941

Am Samstag morgen machte ich mich schon gleich fertig. Dann wollte ich mich schon gleich an die Arbeit stürzen. Aber Frl. Sandner ließ mich nichts tun, mit der Begründung, ich dürfte meine Uniform nicht beschmutzen. Um ½10 Uhr zuckelte ich los zur Bahn. Im Zug saß ich dann bei einem netten Mädel aus der Untersteiermark. Gemeinsam machten wir uns über die Leute lustig. Über 'ne olle Tante mit einem hochmodernen, sehr jugendlichen Strohhut und über einen gar zu hübsch uniformierten Bahnbeamten. Er hatte schwarze Stiefel, graue Kniestrümpfe und

Hirschlederne an, dazwischen als Verbindung die unvermeidlichen blauen Unterhosen. Zur Krönung des Ganzen und auch wohl zur Unterstreichung seiner Würde trug er einen blauen Kittel und eine Eisenbahnmütze.

Am Bahnhof schrie Tante Liesel gleich. Wir gingen zunächst ins Hotel um uns zu stärken. Das Essen war herrlich. Es gab herrlichen Rostbraten, Kartoffelbrei und verschiedene Salate. Anfangs kam mir das kultivierte Leben ganz komisch vor. Ich wollte gar nicht zu essen anfangen bis jemand „gute Hunger“ sagte. Aber ich war halt nicht im Lager. Tante Liesel mußte mich ermahnen mal anzufangen. Und dann wurde ich von hinten und vorn, wie man so sagt, bedient. So ungewohnt!!! Nach dem Essen gingen wir hoch in ungefähr 1000 m Höhe. Es war das herrlichste Wetter, das man sich denken kann. Wir lagen in Liegestühlen, tranken Milch und aßen Haustorte.

Zell am See ist ein himmlisches Fleckchen Erde. Eine herrliche Ruhe herrscht dort. Eine prima Aussicht hat man auf das Steinerne Meer. Heimzus fuhren wir nicht mehr über den See, sondern liefen drumherum-

Im Hotel angekommen, gab es wieder Nachtessen. Onkel Fritz und ich aßen wieder Leberknödel, Tante Liesel Leber. Anschließend marschierten wir in das Zeller Ton-Kino, wo wir uns in der letzten Reihe höchst vornehm plazierten, d.h. zusammenkuschelten, wir hängten uns ein, um wärmer zu werden, da wir fürchteten als Eisbein aus dem Kino geschleppt zu werden. „Bali", ein Kulturfilm. Einmalig war der wunderbare Gang dieses unverdorbenen Naturvolkes. Nach dem Kino erwärmten wir uns mit Alkohol (obwohl wir Alkoholverbot haben). Aber, wenn man alles bezahlt bekommt, nimmt man auch die herrlichsten Weine …. Glühwein!

Und dann ging's ins Bett. Ich hatte ein wunderbares Zimmerchen, ganz in der Nähe von T. Liesel und O. Fritz im 2. Stock, alles hatte Doppeltüren, fließendes Wasser, ein Toilettentisch mit feudalem Spiegel, herrliches Federbett, zum Versinken weich, Nachttisch mit Lampe. Ich fühlte mich wie eine Fürstin. Im Bett genoß ich, trotz der bereits auf Mitternacht vorgerückten Stunde, die Lampe. Nachdem ich zwei Seiten in meinem Schmöker gelesen hatte, löschte ich aus und kuschelte mich tief ins Bett. Und dabei hatte ich an mein Hemd und meine Hose. Zuviel Gepäck kann man in unsrer Außendiensttasche nicht mitnehmen. Aber gerade das ließ mich das Bett so richtig genießen. Ich hatte vergessen, Tante Liesel um einen Schlafanzug zu bitten.

Morgens um 6 Uhr wachte ich prompt auf und dachte: „Oh, ja, die Heizung!" Aber als ich mich im Bett ganz unwillig herumdrehte, merkte ich, daß ich in einem herrlichen Federbett lag. Und mit Genuß schlief ich weiter. Um 10 Uhr kam Onkel Fritz u. klopfte mich wach. Sogar meine Schuhe wurden geputzt. Nach dem Frühstück gingen wir spazieren. Zum 1x hatte ich vorschriftsmäßig meinen RAD-Hut auf dem Kopf …. Aber nur, weil es ein wenig regnete. Wir gingen in die Anlagen. Zu Mittag speisten wir wieder im Hotel. Palatschinken mit Kartoffeln, zum Nachtisch gab es gerollten Biskuit. Gar zu schnell verging die schöne Zeit und mein Zug ging ab nach Haus.

Im Lager wurde ich mit einem großen Hallo empfangen, denn alle hatten geglaubt die nahe Lagerführerin wäre eingerückt. Aber bei meinem Anblick waren sie vom Alpdruck befreit.

Nach dem Kaffee am Montag früh, wurde unser Außendienst verlesen. Ich bin beim Wöhrer vgl. Danklmeier – oder umgekehrt – eingeteilt. Dieser und Schwarz in Höhenfeld sind die beiden verrufensten Außendienste. Und sowas mußte ich erwischen! Na ja, ich ging mal hin und machte die Tür auf und suchte nach der Bäuerin. In einem Loch, was die Küche vorstellen sollte, fand ich eine Magd, der ich mich mal zunächst vorstellte. Kaum hatte ich mich ausgezogen, Schürze und Kopftuch umgetan, als schon die Magd kam und mich anpöbelte: „Des sollens bügeln!" Ich Trottel suchte dann zunächst nach einem Steckkontakt. Den fand ich natürlich nicht. Also marschierte ich in die Küche und dort fand ich natürlich das Bügeleisen …. vorsindflutlich! [sic] Im Großen und Ganzen machte das Bauernhaus einen recht sauberen Eindruck. Ringsherum aber standen viele Hütten und zerfallene Häuschen.

Ich bügelte mal einstweilen von ½8-10 Uhr. Die ganze Bauernhaushaltung kam so nach und nach und jauste. Um ½11 Uhr dann bequemte sich die Bäuerin zu sagen: „Jauseln". Mehr reden sie überhaupt nicht mit mir. Ich bekam Kaffee, eine braune Brühe, die ich vorher für Griessuppe gehalten hatte. Weiter drückte sie mir ein Brot in die Hand, welches vorher schon sämtliche Stallburschen in der Hand rumgeknutscht hatten. Allzu verlockend war es gerade nicht. Dann spielte ich für so olle Stallburschen Saaltochter, das waren blödsinnige Arbeiter von der Eisenbahn. In ein einsames Eisenbahnerhäuschen mußte ich einem Fahrdienstleiter Essen tragen. Ich sah mit Wohlbehagen zu, wie er aß. Doch oh Schreck …. Plötzlich entdeckte er einen mitgebratenen Käfer. Als ich auf den Hof zurück kam, dann hatte die ganze Familie schon gegessen. Man stellte mir so einen angefressenen Teller Sauerkraut und irgendeinen Mehlpamps hin. Vorher bekam ich Schrotsuppe. Es wollte mir alles hochkommen. Schon allein wegen des unangenehmen Geruches, der in der Küche herrschte …. so nach Schweineabfall .. ungewaschenen Windeln usw., ein herrliches Stilleben.

5 Kinder haben sie. Darunter ein Bübchen von sechs Monaten. Dieser Jüngling lag in einer äußerst schmutzigen Schaise [sic] und wimmerte, während die andern auf dem Boden rumkugelten oder sonstigen Unfug trieben. Ab und zu machte es: „scht .. scht .. ffffff – " und schon wieder hatte der Kleine in die Windeln gemacht. Dann: „Gluck – Gluck – Gluck!" er hatte sich übergeben. Im Zimmer verbreitete sich

dann jedes mal ein herrlicher Ozon …. Ich hatte ja wohlriechendes Wasser dabei.
Zusammen mit Emma Hiebel marschierte ich heim.

20.05.1941.

Als ich heute morgen hinkam, sagte die Magd zu mir: „Das sollen's auswaschen,
hat die Bäuerin gesagt!" Zunächst verlangte ich mal Seife und ging im Wasser mal
auf Erkundungsfahrt. Anfangs sah es noch ganz ordentlich aus. Tüchtig wusch ich
drauflos. Doch dann kam ich an ein gewisses Etwas. Fetzen, die wahrscheinlich Windeln darstellen sollten. Ich legte mir neben den Bottich ein Papier, worauf ich die
einzelnen Häufchen las …. Meine Hände stinken jetzt noch darnach. …. Und schließlich unterkamen mir noch Tücher, in welche ganze Würste der größeren Kinder ein-
gewickelt waren das Papier wurde immer „gehäufelter" voller Sch steckte es darnach
ins Feuer und wusch weiter. Die Windeln werden nicht ausgekocht, sondern sogleich
nach dem Schwenken über dem Herd aufgehängt, wo schon bereits die Töpfe voll
Sauerkraut usw. standen. Und dann soll man noch Hunger haben. Die Bäuerin war in
der Küche und anschließend bei einem Flurgang.

Als sie zurückkam half ich ihr Rotrüben schälen und dann knurrte sie mich an:
„Umigehn, essen." Also ging ich hinaus und setzte mich an den Tisch, der mit einem
steifleinenen Tischtuch bedeckt war, in der Mitte eine Schüssel, mit anscheinend etwas Eßbarem. Vor jedem stand ausnahmsweise ein Teller. Aber einmal mußte man
doch mit dem Löffel in die Brühe. Die Löffel werden nach dem Essen am Tischtuch
abgeputzt – natürlich ißt man nicht immer an der gleichen Ecke des Tischtuchs.
Schöne Zustände! Und nach dem Essen, da ging das Beten los. 3 Knechte, 2 Mägde,
die 5 Kinder und die Bäuerin alle murmelten jeder nach seiner Art. Nur ein Knecht
machte nicht mit.

21.5.41.

Heute habe ich sogar „Mina" gemelkt. Ein Liter habe ich heraus gebracht. Ich habe dabei sogar eine richtige Feststellung getroffen, daß die hinteren „Zutzen" mehr Milch gaben.

24.5.41.

Heute Mittag waren die Jungen des KLV-Lagers Ennsling da. Es war sehr nett. Sie haben sogar selbst zur Unterhaltung beigetragen.

Einer krähte wie ein Hahn, jaulte wie ein Kind und maunzte.

Wir machten noch den Jägersmarsch.

Frau Forstner dirigierte uns herum.

”

„Hast du Großvaters Zipfelmütze nicht gesehn, als Oper, Drama, Lustspiel usw."

Und dann machten wir noch einen Gang durch das ganze Lager.

Nun bin ich in einen neuen Außendienst gekommen. Zu Mößl und Bräsul[19]. Das sind nette Leute. Sie haben mich gleich mit großem Hallo empfangen, da sie geglaubt hatten, sie würden keine Maid bekommen. Ein altes und ein junges Ehepaar in einem netten Häuschen. Die Alten zählten 74 und 73 Jahre. Die Frau hat Herzwassersucht und kann kaum laufen. Der Mann ist rührend. Mit ihm war ich immer auf dem Feld.

Ich muß wohl jetzt sehr viel arbeiten, ich mache es aber auch gerne, da die Leute sehr nett sind. Am ersten Tag haben wir gehackt und gerecht, „gezogen" wie Frl. Sauter sagt. Die junge Frau empfing mich morgens mit den Worten: „Wollen Sie jetzt gleich jausen oder erst späer?" Ich mochte nach meinem schlechten Außenddienst bei Wöhrer jetzt fast vor lauter Rührung weinen. Wir jausten dann gemeinsam auf dem Feld. Jeder bekam ein großes Schwarzbrot und ein Sechstel Käsel, außerdem noch einen großen Humpen Vollmilch. Das schmeckte herrlich. Und nach jeder Arbeit sagten sie: „Möchten's Sie so freundlich sein!" Mit dem altern Mann habe ich an einem Morgen mehr geredet als mit Wöhrers in 14 Tagen. Es war überhaupt sehr lustig, mit ihm zu arbeiten.

Saß ein Vöglein, meistens der „Braunvogel" bei uns Gartenrotschwänzchen, auf seiner Hacke, dann verjagte er sie nicht, sondern meinte: „Jetzt konn i nix nix arbeiten. Des Vogelin sitzt auf meiner Hauen!" Wir warteten gemeinsam bis es fortegeflogen. Dabei liegt unser Feld gerade unterhalb unsres Lagers. Ich konnte das ganze Treiben beobachten. Der „Großvater" machte mich auf alles aufmerksam. Er zählte mir sämtliche Vögel auf, die es hier gibt. So gut konnte ich mich mit ihm unterhalten. Zum Mittagessen gingen wir zurück ins Dorf.

Das Haus ist für hiesige Verhältnisse sehr sauber und das Essen ordentlich. Nach dem Essen mußte ich Geschirrspülen und wieder aufs Feld. Die junge Frau ging mit und ebenso das 4-jährige Mädchen. Es ist nett und pflückte auf der Wiese gleich einen Blumenstrauß. Das freute mich so sehr, da die Wöhrer-Kinder alles Lebende zerstörten. Einen Blumenstrauß sah ich dort überhaupt nicht. Dann spielte das Mädchen den ganzen Mittag mit einer roten Gartenspinne und tat dem Tierlein nichts. Mit mir neckte es sich gern herum und kitzelte mich andauernd an den Beinen.

---

[19] Sehr ungewöhnlicher Eigenname, möglicherweise ein Schreibfehler.

Daheim sagte es zu seiner Mutter: „Jetzt habe ich keine Angst mehr, die Arbeitsmaid hat schon mit mir gelacht." Mit dem Mächen „Helga" gebe ich mich gern ab, es geht in den Kindergarten. Und bevor ich wegging bekam ich nochmals Jause. Am Samstag waren wir wieder auf dem Feld. Es regnete und dabei setzten wir Pflanzen.

2.6.41.

Unsere diesjährigen Pfingsten verbrachten wir im Lager, schrieben Briefe und brachten unsere Sachen in Ordnung. Nur heute durften wir zu unsern Bauern. Ich ging mit Ruht [sic] Geilert zu Walchers in Limburg, ihrem ersten Außendienst. Dort bekam jeder eine Flasche Dachsteinperle. Wir waren auch schrecklich durstig. Wir machten auch einen kleinen Spaziergang und ich entdeckte eine fettfressende Pflanze: „Fettkraut".

Ruth beim Walcher

8.6.41.

Am 5. 6. haben wir neue Möbel bekommen. Prima Holzbetten! Fabelhafte Spinde! Jetzt sieht es in den Schlafsälen richtig wohnlich aus. Es war aber auch eine schreckliche Arbeit, bis die alten Spinde heraus waren und die neuen drin. Wir nußten auch, um unsre Strohsäcke frisch zu stopfen, Stroh von den Bauern bringen.

 Wir kamen erst um ½11 Uhr zur Ruhe. Ich legte mich mal unten rein und schaute gerade hoch, da entdeckte ich, das Liesels Bett schief war. Ich raus und: „Liesel Mensch, runner, dein Bett ist schief!" Darauf meint Liesel: „Du bist ve….!"Das Wort war noch nicht zu Ende und meine Liesel war schon durchgekracht und hing zwischen den Betten wie in einer Hängematte. Ich hatte nochmal Glück gehabt, dort wo noch vor zwei Minuten mein Gesicht gewesen war, hatten sich die Latten in mein Kopfpolster eingebohrt.

11.6.

 In meinem Außendienst gefällt es mir mit jedem Tag besser. Ich darf, wenn nichts dazwischen kommt 4 wochen noch dort bleiben. Frau Forstner freut sich sehr, daß meine Bäuerin mich so gern hat. Heute hat sie sich sogar goßartig entschuldigt, weil

sie keine Butter mehr hatte fürs Brot. Meine Art von Beschäftigung wird mit jedem Tag vielfältiger. Nachdem ich nun den grünen Wintermantel für Helga im Rohbau fertiggestellt habe, reibe ich Böden, nähe, flicke Strohsäcke, wasche Geschirr, hole Futter mit der Kuh „Rußl", weil sie so schwarz ist. Heute wurde sie beim Heimgehen öfters mürrisch und graste am Wegrain. Wir kamen aber doch noch gut heim. Wir haben 3 Kühe, 2 Schweine, etliche Hühner und 2 Katzen.

Mit einer Jause, einem doppelten Butterbrot und $^3/_8$ Liter Milch bewaffnet, marschierte ich auf das Feld. Dort war schon der alte Herr Bräsul. Wir harkten zusammen Kartoffeln. Und er mußte dann weggehen, weil er bei Stenitzers Kuh helfen mußte. Die hatte Gebärmutterverdrehung! Ich dummelte mich und nachdem ich 8 Reihen geharkt hatte, fing mein Magen an zu knurren. Hinter dem Stadel, vollgeschützt im Schatten, stand meine Jause, zu welcher ich Zuflucht nahm. Ich ließ es mir sehr gut schmecken und entdeckte bei diesem Geschäft den ersten Ohrenkäfer in diesem Jahr. Als ich mich dann glücklich an den spärlichen Sonnenstrahlen dieses Morgens erwärmt hatte, mußte ich mich wieder an die Arbeit [machen]. Kaum hatte ich 3 Reihen geharkt, als der Bauer zurückkam. Wir harkten weiter und waren zeitig fertig. Wir bewunderten das hohe Korn Bachstelzen „Hodri" hüpften zwischen den Kartoffeln. Anschließend an unseren Kartoffelacker ist ein Feld übersät von Glocken- und Kuhblumen (Löwenzahn), Margeriten, Wasserkraut (Schierling) und Klee. Ein unendlich großer Wiesenteppich, zu schön anzuschauen!

9.6.41.

Frau Mößl hat heute Namenstag. Der „närrische Doktor", Egon, kam und brachte ihr ein Geschenk; Kekse und eine Keramikschale. „Liebe Frau Mößl ...." Und dabei überschlug sich seine Stimme ein paarmal. Ich habe mich vor Lachen gebogen.

10.6.41.

Heute hatten wir eine lustige Arbeit. Wir deckten das Dach. In der Scheune klaubte ich die Bretter zusammen, die der Alte von der Tenne runtergeschmissen hatte. Damit marschierte ich über zwei steile Stiegen hoch auf den Dachboden und da es mir noch

nicht hoch genug, kletterte ich oben hinaus zur Lucke ... um dort die frische Luft zu genießen? ... nein, dort ging ich dem alten Mann zur Hand. Ich schichtete die roten Lärchenbretter auf. Inzwischen stieg er auf dem Dach herum und riß die schadhaften Bretter heraus. Ich hatte immer Angst, daß die Steine herunterfallen würden, die das Dach beschwerten. Aber nichts geschah. Das hier einheimische Dach hat eine Steigung von etwa 30°.

Nach dem Abendessen spielten Gusti Seydel und Hertha von König im Lager zum Tanz auf.

Wir walzten alle fröhlich herum. Fröhlich machten auch Frl. Kauter und Frl. Sandner mit und als Frau Forstner und Frl. Sablatnig kamen, hörten wir fluggs [sic] auf, doch die, tanzten „mir nich dir nich" weiter und alles andre mit. Wir wurden noch aufgeteilt, da wir zuviele waren. Und dann ging's hinunter auf die Wiese: „Ein, zwei – drei – vier – !" Wir übten und übten bis es hieß: „Schluß, in 10 Minuten Gute-Nacht-Sagen!" Wir rannten vielleicht und nahmen unsre Beine über die Schulter.

11.6.1941.

Vom Außendienst zurückgekommen, ging es im Lager wieder mit der praktischen Arbeit los.

Wir mußten wieder Hügel abheben. Diesmal fuhren Ruht [sic] Geilert, Marliese Bender und Luise Moser den Wagen hinunter. Um die Kurven ging's im Caraciola-typ [sic]. Dies aber hielt unser so überaus moderner Wagen nicht aus, plötzlich waren seine oberen Randbretter verschwunden und Steine und Erde kullerten den Weg hinunter. Und als glücklich alles wieder droben war und drunten beim Schuttplatz, da reparierten wir wieder unsern herrlichen Wagen. Zuerst mal die Seitenleisten rein. Und unter dem Gelächter aller Dreie kam auch die Deichsel an die Reihe. Und wie's beim RAD halt ist, soll nichts zu schnell gehen …. nur nicht überhasten! …. machte ich die Deichsel erst einmal verkehrt herum rein. Sofort fiel Luise vor lauter Lachen auf mich und so kullerten wir beide zusammen auf die Erde.

12.6.1941.

Heute Mittag war Frau Gretls Schwägerin mit Mößls kleinsten Kind, dem Gisele, da.
Helgele und Gisele haben so lieb miteinander gespielt.

17.6.1941.

Heute ging es zum ersten Mal nach dem Essen ins Heu. Zunächst mußten die einzelnen Haufen für die „Mandeln" gerichtet sein. Mit der Heugabel packte man das in Reihen gemähte Gras und schubbste so nach, bis man die Reihen mit schönen Haufen begrenzt hatte. Dann kam Herr Bräsul, stampfte mit dem Stemmeisen ein Loch in den Boden, um dort hinein die „Hiefler" zu stecken. Hiefler sind Stecken, bei uns auf gut deutsch Bohnenstangen, auf welchen das Heu festgemacht wird. Und zwar ganz komisch. Das lange Gras wird direkt um den Stamm herumgeknotet und darüber genauso das andre Gras geschlungen. Das letzte Gras wird mit der Gabel hochgegeben. Es bleibt aber immer Futter unten liegen. Das mußte ich mit einem ganz breiten Rechen nachheuen für die nächsten Mandeln. Diese Arbeit immer heuen und nochmals heuen strengt die Muskeln sehr an. Meine ganze Beschäftigung – ein paar Stunden lang – war also heuen und nochmals heuen, bis mein ganzer Körper schon rein me-

chanisch diese Arbeit verrichtete und schließlich ist man auch das gewöhnt. Ich dachte ich würde im Bett diese Bewegung noch weiter machen – so wie damals, als ich radfahren lernte … da fuhr ich die ganze Nacht im Traum wild drauf los. Aber, oh, wie gut schlief ich! Ganz fest und tief und morgens bedauerte ich, daß alles herum.

12.6.1941.

Heute war es so, daß alle Maiden bis auf 7 ausgingen. Ich nahm Hedi Braun mit. Wir marschierten gleich aufs Feld raus. Zuvor aber beraubten wir den Stadel beim Lager ganz eigenmächtig eines Rechens. Und draußen war große Freude über den neuen Zuwachs. Hedi war sehr notwendig zu gebrauchen. Dieses Mal wurde zunächst das Heu umgekehrt. Es war richtig leicht, da es so schön trocken war. Nach dem Mittagessen ging es los.

Wir nahmen den Garn mit hinaus, auf welchen das Heu gefaßt wird. Und dann spielte ich auf der Wiese Kuh.

Ich zog den vollbepackten Heuwagen. Am Schluß war es zu schwer immer den Berg hinauf zu ziehen. Da heute ich halt zwischendurch mit Frau Mößl. Und dann stampfte ich das Heu im Stadel, das ich aber zuerst von hinten nach vorn transportiert hatte ein. Einmal passierte es mir daß ich raufkraxelte und dann ins Heu hüpfte, -- aber ich glaube man hat nur noch meine Nasenspitze gesehen, so sank ich ein. Hedi rechte immerzu, zusammen mit Frau Mößl. Es war recht lustig für sie, denn sie war das erste Mal draußen.

Als ich so den Heuwagen zog und ein wenig Kuh spielte, hörte ich auf Befehle wie „öh hu" – oh ha". Aber es dauerte eine geraume Zeit, bis ich mich auf den Kuhverstand umgestellt hatte.

26.6.1941.

Heute konnte Hedi schon wieder nicht mit mir gehen. Gusti Seydel geht nun für die nächsten Tage mit. Wir arbeiteten meistens auf Wiesen an der Enns. Bei der Jause streckten wir unsre Füße ins Wasser und tranken die Milch aus den mitgenommenen Flaschen. Uns gegenüber arbeitete Anneliese Danner und mochte uns wohl um unsre Fröhlichkeit beneiden. Von dem Feld, das gegen Weißenbach zu liegt, hat man eine herrliche Aussicht auf Haus. Ganz klein sieht man davor das Lager liegen.

22.6.1941.

Heute waren wieder die KLV-Lager Haus und Ennsling bei uns. Wir machten einen lustigen Nachmittag.

Die Jungens kommen immer gern in unser Lager. Sie sehen in uns ihre größere Schwester.

Christa machte den „Kleinen Mann".

Milla spielte die: „die verkannte Bauersfrau".

Christa und Erna spielten die: „Mina".

Dann spielten wir Völkerball Jungen gegen Mädels.

Und schließlich hielten wir einen kleinen Singwettstreit. Die Jungens durften sitzen in einer Reihe, wie sie wollten, aber wir mußten unsre Beine nach links ausgerichtet haben. Zum Gleichgewicht legten wir unsre Schwänze nach rechts.

26.6.41.

Heute bin ich zu Walcher in den Außendienst gekommen. Es war für mich leichter, weil ich mit Ruth schon mal dort war. Ich kannte schon alle und sie mich. Wir heuten dort. Und ich mußte auf den Heuwagen Heu treten. Jedes Mal wenn der Gaul vor dem Schlitten anzog, sagte Frau Walcher „Hock de". Aber ich bin doch umgeflogen. Das Essen war phantastisch.

27.6.41.

Inge Kieser ging mit mir hin, weil sie mich dort im Urlaub vertreten sollte. Es war auch dort zu zweit sehr lustig. Wir waren wieder im Heu.

Einen Tag im Lager, Und dann geht's los, um 1 Uhr marschierten wir nach Schadming. Wir waren Ruht [sic] Geilert, Marliese Bender, Hertha Moser und Anni Hofmüller.

In Schladming stiegen wir in unsern Zug ein. Es war eine schreckliche Fahrt. Wir mußten fast die ganze Zeit stehen. Zuhause überraschte ich meine Mutter am 29.6. in der Frühe beim Kuchenbacken. Mein Kater war im Garten.

Ich war froh, als ich wieder mein Annweiler sah. Aber „meine Berge" kamen mir geradezu zusammengetatscht vor. War ich doch die Tausender gewöhnt.

Oft spazierte ich zur Trifelsanlage, was früher auch fast mein täglicher Weg war.

Allerdings auf den Trifels kam ich nicht hinauf. Aber auch er kam mir so klein vor, daß [ich] nur so drüberwegschaute, während ich früher zu ihm aufblickte.

Die Tage des Urlaubs vergingen gar zu schnell und am 5. 7. mußten wir wieder im Lager sein. Am Freitag um ½6 Uhr fuhr ich in Annweiler ab. In Wörth stieg Ruth Geilert zu. Ich zeigte ihr natürlich gleich meine Bilder, darunter auch mein neuestes Kopfbild.

Es war eine lustige Fahrt. In Ulm etwa bekamen wir erst Sitzplätze. Vorher hatten wir im Gang auf eines Soldaten Schulter geschlafen. Der hatte uns vorher prima unterhalten. In München waren wir dann noch zusammen im Wartesaal 1. Klasse und er hat uns prima freigehalten. Wir fuhren zusammen weiter. Erst in Salzburg stiegen wir aus und betrachteten uns die Stadt.

Wir fuhren dann mit dem Omnibus von Schladming nach Haus zurück. Und dort im Lager ging es wieder richtig los. Wir gingen noch am [Abend?] im Lager spazieren.

Es sollte nämlich der Kreisleiter kommen. Doch er blies uns was. Auch am nächsten Morgen konnten wir nicht ausschlafen. Wir Urlauber hatten eine schreckliche Wut. Am Sonntag abend gingen wir nach Aich zum Liedersingen.

Es war sehr nett. Vor allem hat die Bevölkerung so schön mitgemacht. Wir sangen: „S'Dirndl hot gsagt ...", „Schatz hot die Gäns ausgetrieben", „Es war amol am Abend spat", „Viel Sterne gloriieren" usw. Dann führten wir noch Stegreifspiele auf. „Die Fliege" „Die verkannte Bauernfrau" „100 Worte Liebe" „Hast du Großvaters Zipfelmütze nicht gesehen?" usw. Das hat der Bevölkerung so sehr gefallen u. die Kinder fragen jetzt noch, wann wir wieder kommen. Auf dem Heimweg fingen uns die Pimpfe noch Glühwürmchen. Wir fielen dann müde in den Strohsack.

7.7.1941.

Heute bin ich in einen neuen Auendienst gekommen und zwar nach Höhenfeld zu Hubner. Das ist der Außendienst, wo Hilda Flasch am Anfang so lange war. Der Junge, den sie damals erwarteten ist nun schön groß gewachsen. Er: „Edi" wird ja auch schrecklich hochgepäppelt. Er bekommt nur dicken Einkoch. Jeden Morgen auf meinem Weg dorthin marschiere ich an diesen beiden schönen Häusern vorbei. Eine ganze halbe Stunde habe ich auf der Landstraße zu gehen. Meine Bauern: „Bröckl" – Hubner haben 8 Kinder. Karli, Otto, Helga, Gustl, Erna, Hirstl,[20] Mizzi und Edi. Ich habe sie verhältnismäßig schnell unterschieden gelernt. Am ersten Tage wusch ich Geschirr ab. Und nach dem Essen gingen wir auf den Acker unterhalb „Gerhardns" und heuten auf dem steilen Hang. Dabei herrschte eine schreckliche Brühhitze. Die Füße wurden einem wund vom Heuen auf dem steilen Hang. Man hatte eine herrliche Aussicht auf das Lager und auf Haus.

9.7.1941

Heute gingen wir nicht heuen. Ich spülte, kehrte das Haus von oben bis unten aus. Dabei kam ich auch in das sogenannte Kinderzimmer. Da herrschten noch Zustände.

Kinder sind mit allen möglichen Fetzen zugedeckt. Die ganze schmutzige Wäsche stak in den Betten. Da habe ich einen ganzen Haufen rausgeschmissen. Das kam alles noch zur Wäsche.

10.7.1941.

Heute hatten wir Großwäsche. Einmal in einer freien Minute machte ich diese Groß-
aufnahme.[21] Als sie schon alle so dastanden, da entdeckten wir plötzlich daß Karli
noch nicht da war. So was kann auch nur in einer so großen Familie vorkommen.

Das erste, was man tut, wenn man vom Außendienst ist das, daß man seine Schuhe
putzt.

11.7.1941.

Wieder einmal bleibe ich im Lager, da ich nicht in Außendienst gehen kann.

---

[21] Das betreffende Foto wurde offenbar herausgetrennt, man sieht die Haftspuren oberhalb dieses
Textes.

Im Lager war es recht lustig. Unter Christas Oberherrschaft arbeitete ich im Haus.

Besonders bei der Jause war es lustig. Am Samstag mußte auch Ruth aus dem glei-chen Grunde im Lager bleiben.[22]

Bei der großen Heuernte im Lager durften wir auch nicht fehlen.

12.7.1941.
Heute abend hatten alle was gefeiert. Besonders die erste Kameradschaft trieb es recht toll. Due kampierten im Schweinstall. Und sangen alle möglichen und unmögli-chen Lieder.

---

[22] Auf dem folgenden Foto sind Annelore Wittmann in der Mitte und rechts Ruth Geilert zu sehen.

13.7.1941.

Unsre Maiden gingen nach Schladming ins Bad. Fast alle haben sich einen schreck-
lichen Sonnenbrand geholt.

Ein paar Maiden blieben im Lager. Darunter auch Erna.

14.7.1941.

Und wieder bin ich in einen neuen Außendienst gekommen. Zum ersten Mal gehe ich nun Tag für Tag nach Wei-ßenbach zu Huber, vulgo Stiegler. Die Bauern haben 6 Kinder mit den Namen: Florian, Franzl, Hansl, Gretl, Seppl und Ernstl. Arbeit gab es dort genug. Als ich hinkam, mußte ich zunächst Zimmer aufräumen. Eine recht gruselige Beschäftigung, denn auch hier bestanden die Betten nur aus Fetzen. Dann Geschirr-waschen, Auskehren usw. halt  die üblichen Beschäftigungen. Das Essen war recht gut …. Nur Salatbestecke kennen die Leute nicht; der Salat wird mit den Händen angemacht. Nach dem Essen gingen wir auf den Berg heuen. Und dann Heidelbeeren pflücken.

<u>**Neuer Tagesplan**</u>

6.^{45} Wecken

6.^{55} Frühsport

7.^{00} Nachrichten

7.^{10} Waschen und Bettenbauen

7.^{45} Fahne

8.^{00} Frühstück

8.^{15} praktische Arbeit

9.^{00} Schulung

9.^{45} Jause

10.^{00} Außendienst

10.^{00} praktische Arbeit[23]

12.^{00} Mittagessen

13.^{00} praktische Arbeit

15.^{00} Jause

15.^{15} praktische Arbeit

18.^{00} vom Außendienst zurück: Sport

18.^{45} Waschen und Umziehen (Schuhe putzen)

19.^{00} Abendessen

19.^{30} Singen oder Lesen oder Basteln

21.^{00} Fahne

21.^{20} Bettruhe

………

Lagerruhe !!!

---

[23] Das bedeutet: Ein Teil der Mädchen blieb im Lager, um dort zu arbeiten.

15. Juli. 41.

Heute mußte ich im zweiten Stock Spinnweben wegfegen. Dort aber ist ein Gefangenenlager von Franzosen. Dort stand die Tür offen. Ich schaute natürlich rein. Und plötzlich streckte sich ein bloßer Fuß vor. Oh, ja das war ein Schreck.

Dann holte ich Holz in der Hütte. Und nach dem Essen ging's wieder in die Heidelbeeren. Zur Vorsorge nahmen wir einen großen Wecker mit, den wir auf 5 Uhr

gestellt hatten. Aber der Zeiger blieb immer auf ¾4 stehen und ich kam und erst um 6 zum Bauern zurück. Da hieß es sich sputen in Windeseile ging es über die Ennsbrücke. Nicht mal einen Blick konnte [ich] meinem Lieblingsplätzchen gönnen. Um ¾7 erst kam ich ins Lager. Aber abgehetzt war ich ganz fürchterlich.

16. Juli. 41.

Nun geht's los mit der großen Wäsche. 2 Monate hatten die guten Leute nicht mehr gewaschen. Was sich da alles angesammelt hatte von einer so großen Familie und allen Dienstboten. Es waren ganze Berge. Wir wuschen im Freien hinter dem Haus. Da liefen uns die

Hühner zwischen den Füßen herum und die Kühe drohten uns umzurennen. Aber es war besser so; da konnten sich die herrlichen Düfte der so lang aufbewahrten Wäsche schneller verflüchtigen.

Wir hängten alles auf der Galerie oder auf dem Dachboden auf. Da hatte man eine herrliche Aussicht ins Tal hinunter.

20. Juli. 41.

Es ist etwa 4 Uhr. Ganz plötzlich heißt es: „Annelore Wittmann soll kommen, sie hat Besuch, zwei Herren!" Von der Ferne belinste ich sie. „Nein, von Herren bekomme ich doch keinen Besuch, das muß ein Irrtum sein. Oder sollten die vielleicht was auszurichten haben." Mit solchen Gedanken marschierte ich dann der Verwaltung zu. Was nützte alles Streuben, die Neugierde siegte doch. Und dann stand ich 2 jüngeren Herrn gegenüber. „Es tut mir leid, ich war[24] nicht mit wem ich es zu tun habe!" „Mensch, kennst du denn Berthold nicht mehr?" Nun erst ging mir ein Licht auf. Berthold Linn aus Bremerhaven war gekommen mit einem Kameraden. Meinetwegen hatten sie ihren Urlaub in diese Gegend verlegt. Zuerst durfte ich mit ihnen auf eine Viertelstunde weggehen. Aber dann erst, da durfte ich dann bis 10 Uhr ausbleiben. Es war trotzdem es regnete ein recht gelungener Abend. Mal wieder eine große Abwechslung im Alltag des RAD.

21. Juli. 41.

Und wieder bin ich im Lager geblieben. Zusammen mit Berta Struß und Elli Baumgartner. Die andern sind nach Untertal gegangen.

28. Juli. 41.

Die ganze Familie ist im Kornschnitt. Nur ich mußte auf das Haus und die Kinder Acht geben.

---

²⁴ Offenbar Schreibfehler, gemeint ist „weiß".

Dabei habe ich mich mit einem kleinen Schweindel angefreundet. Ganz erbärmlich schrie es in meiner zärtlichen Umarmung, die es nicht zu schätzen wußte.

1. August 41.

Heute hatten wir nach dem Außendienst noch eine schöne Arbeit vor uns. Da hieß es Kohleschippen bis späte in die Nacht hinein. Wir hatten alle eine lange Reihe gebildet und durch der Hände lange Kette ging der Kohleneimer bis zu seinem Bestimmungsort. Und, oh Schreck! Der Haufen wollte und wollte nicht kleiner werden! ... Und es wurde immer dunkler und dunkler. Wir sahen schon nicht mehr, was die leeren und was die vollen Eimer waren. Ja, dann gab es eine große Überraschung. Lampions im Kohlenkeller, die ein mystisches Licht verbreiteten. Und wir schippten und schippten bei fröhlichem Gesang, bis keine Kohlen mehr zu finden waren. Inzwischen war es ½12 geworden. Wir duschten uns noch und gingen in die Kameradschaften. Dort hatte uns Frau Forstner Pralinen ins Bett eingelegt. Wie die uns mundeten! Noch im Schlaf schippten wir weiter. Wir schippten und schippten ….

Hertha von König geht nun immer mit mir in den Außendienst.

Nun endlich haben wir unsre Strohsäcke frisch gestopft.

2. Aug. 41.

Auf meinem heutigen Außendienst begegnete mir Karli Hubner mit der Umkehrma-
schine.

2. August.

Während die andern auf die Krummholzhütte gingen, blieben Berta Struß, Inge Oit-
zinger und Marga Seewald. Wir waren zusammen ein schönes Kleeblatt. Wir arbeiteten den ganzen Samstag u. Sonntags hatte wir ein wenig Zeit für uns.

Wir machten es uns ganz leicht. Und wußten nicht wohin vor lauter Übermut. In unsern Badeanzügen gefiel es uns so gut. Sollten wir schreiben …. oder nur Dummheiten machen … ? Wir kamen auf keinen grünen Zweig vor lauter, lauter hin u. her …

Dann gingen wir uns Feld raus um in Freiheit zu sein.

4. August.1941.

Wieder geht es in einen andern Außendienst. Mit Gert Held unternahm ich die „Klettertour" zu Kornberger. Eine halbe Stunde gingen wir bergan. Ein herrlicher, wenn

auch steiler Weg, führt zu diesem neuen Außendienst. Schon von weitem sah man das nette Häuschen. Und welch herrliche Aussicht hatte man auf das Tal schon vom Weg aus. Da sah man Weißenbach in seiner Mulde liegen, selbst auf die Ramsau konnte man herniederblicken. Der ganze Weg war von Hecken und Sträuchern eingezäunt. Hie und da tauchte auch ein Heustadel auf. Jeden Morgen war mir der Weg ein Erlebnis.

Als ich den ersten Tag in den neuen Außendienst kam zu Frau Hörringer, denn Kornberger ist der Hausnahme [sic], da mußte ich zunächst Bohnen und Erbsen auspahlen. Ich zitterte man noch von dem übereilten Weg hierherauf. Dann wusch ich Geschirr

ab und ging den Garten putzen. Und mit welcher Liebe tat ich das. Zumal mich die alte Frau in ihrem ganzen Wesen und auch im Aussehen an die Oma erinnerte. Während der ganzen Zeit versorgte die Oma die Kühe im Stall, Adelheid und Hans waren auf dem Feld und Fritzl mit dem Hund Spätzi schauten dauernd nach mir. Und plötzlich begann es zu regnen, was sollte ich nun tun? Ich zupfte zwischen dem Haus und der kleinen Hütte einen ganzen Rückkorb voll Kamillen. Und als ich dann noch nichts zu tun hatte, holte ich mir den Strickstrumpf und machte mein Lieblingsstück: die Ferse, das Herzkäppchen. Und gar zu schnell war die schöne Zeit vergangen. Gert kam und wir machten uns gemeinsam auf den Heimweg.

Heute morgen war alles voller Nebel. Schwer hängte er sich an den Bergen des Dachsteins fest. Die obersten Gipfel schienen ein Reich für sich zu bilden, ganz gelockert und frei von der Schwere des Tales.

Auch heute putzte ich wieder einen Garten. Und die Frau kam und gab mir einen Mordstrumm von einer Erdbeere. Es war bestimmt die einzige aus dem ganzen Garten. So nett ist sie. Von ihr hörte ich denn auch seit drei Wochen mal wieder ein Lob. Wenn die Bauern wüßten, was solch ein kleines Wörtchen ausmacht, daß man mit doppelter Kraft und Freude an die Arbeit geht, ich glaube, sie würden mehr loben. Gereicht es ihnen doch selbst zum Vorteil. Aber die Oma hat es richtig aufrichtig gemeint, es war geradezu rührend. Essen gab es auch ganz herrliches. Jeden Tag eine fabelhafte Gemüsesuppe, in der aber nichts fehlte, und ich dabei immer denken mußte, ich wäre bei Muttern zuhause. Sie behandelte mich ja auch richtig wie zum Hause gehörig.

Vom obersten Balkon des Hauses hat man eine fabelhafte Aussicht aufs Tal
und die gegenüberliegenden Berge.

7. August. 41.

Heute, am Geburtstag meiner lieben Mutter, war es auch wieder ganz herrlich im Außendienst. Das erste Mal in meinem Leben habe ich Korn geschnitten. Zuerst sollte ich nur die Garben zusammenbinden. Aber ich wollte auch das Schneiden lernen. Das Korn war vom Regen den Berg hinunter zusammengeflatscht. So mußten wir von oben nach unten schneiden. Das war wohl beschwerlich, aber trotzdem schön. Und Kornbergers, ich bringe halt Hörringer nicht über die Lippen, wollten nicht glauben, daß ich noch nie geschnitten hätte. Als ich weggehen mußte, gab sie mir die Hand und bedankte sich extra, denn, so meinte sie, ohne meine Hilfe wären sie so schnell nicht fertig geworden.

9. August.

Heute fuhren wir nach Schladming. Dort wollten wir mal wieder ein Liedersingen veranstalten. Aber Petrus machte uns einen Strich durch die Rechnung. Wir aßen Eis und verplemperten unser sauer verdients Geld – von 20p [Pfennig] am Tag wird man nicht reich – und mußten unverrichteter Dinge wieder abziehen, d. h. wir fuhren mit der Bahn heim.

11. August.

Alles Schöne nimmt einmal ein Ende! Hildegard Bertram kehrte wieder auf ihren
Platz zurück; sie ging wieder zu Kornberger und ich …. Ich mußte wieder zu Huber
nach Weißenbach. Allzu erfreut war ich darüber nicht. Mit Angst kehrte ich wieder
zurück in die „Höhle des Löwen". Wie würde sich diese Zeit gestalten? Aber nicht
lange sollte ich dort bleiben! Bis Samstag und dann wurde ich erlöst. Nun ist es mir,
als sei mir ein Stein vom Herzen gefallen, da ich diesem Außendienst in Weißenbach
den Rücken kehren durfte und nur noch von fern die Hütten und das Haus Huber
sehe.

17. August.

Heute unternahm unsere Kameradschaft, nachdem das Wetter etwas besser geworden
war, einen kleinen Ausflug auf den Kemeterhof. Es war der erste Ausflug für mich
und es hat mir natürlich sehr gut gefallen. Was man so alles sah und hörte, die Blu-
men, Pilze und die Vögel. Hätte man nur dadrauf schauen können! Von oben hatte
man trotz der vorgerückten Stunde eine gute Aussicht. Wir aßen herrliches Butterbrot
und tranken kuhwarme Milch. Es gefiel uns so gut, daß wir die Zeit übersahen und
zu spät weggingen, sodaß wir den ganzen Heimweg rasen mußten, um Punkt 8 im
Lager zu sein. Wir kamen dann auch glücklich mit dem Glockenschlag drunten an.

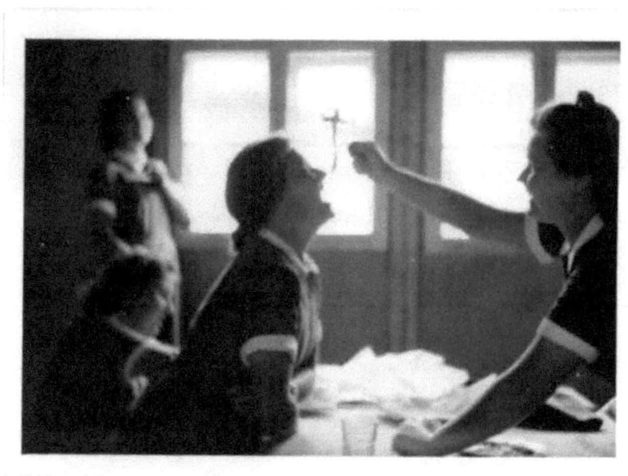

<u>Ein Mädel schreibt vom Arbeitsdienst ….</u>

Wir sind nicht schüchtern, wir fassen zu!
Wir führen den Spaten und melken die Kuh,
Wir füttern die Hühner, das Schwein und das Pferd.
Im Anfang, da machen wir vieles verkehrt,
Dann wundert sich lachend der Bauersmann,
Was so ein Stadtkind noch alles nicht kann –
Aber wir helfen und packen mit an!

Wir sind nicht schüchtern, wir fassen zu!
Geh'n früh aus den Federn, früh wieder zur Ruh;
Wir sind bei der Hausfrau im Hof und am Herd
Und machen uns nützlich wo sie's begehrt,
Und tun unsre Arbeit so stolz wie ein Mann,
Und lernen, was das Stadtkind nicht kann –
Denn wir helfen und packen mit an!

Wir sind keine Gretchen und sind nicht mondän,
Doch jung sind wir, froh und nett anzusehn,
Gesund, und braun von der Sonne gebrannt.
Und wir lieben die Menschen und lieben das Land,
Und schwer wird es sein wieder fortzugehn ….
Doch kehren wir heim in die Städte … dann
Helfen wir weiter und packen mit an!

1. September 1941.
Und nun wurde ich wieder bei Walcher eingeteilt. Froh radelte ich nun wieder 4 Tage lang – leider – dorthin und dann nahm das Glück wieder ein Ende. Vom 2. – 5. Sept war in unserem Lager Führerinnentagung. Da hieß es dann doppelt gespritzt. Und siehe da, alles klappte. Morgens sangen die Führerinnen mit uns. Ab und zu brachten wir ihnen ein Ständchen, dann wieder sie uns. Am Donnerstag hatten wir nach dem Abendessen noch einen kleinen Liederwettstreit, der uns gar zu schnell herumging. In den letzten beiden Tagen der Tagung saß ich hinten auf der Wiese und schnitt und schnitt. Für sämtliche Führerinnen machte ich kleine Schnitte [Scherenschnitte], die Fahne in doppelter und dreifacher Auflage. Am Freitag dampften die Führerinnen ab und die erste Kameradschaft war heilfroh, daß sie wieder zurück konnte in ihr altes Gemach. Sie hatten die Woche im Trockenraum auf Matratzen geschlafen und wie froh waren sie, als sie doch wieder in ihre Strohsäcke schlüpfen konnten.

6. Sept. 1941.

Und noch einmal haben wir Singen in Schladming. Vorher saßen Ruth Geilert, Gudrun und ich bei Café Miller und stärkten uns für die kommenden Dinge. Das kleine Städtchen wimmelte an diesem Tage mir so von Arbeitsmännern: Und plötzlich löste sich da einer aus einer Reihe heraus, kam an die Brüstung, streckte mir die Hand raus und meinte: „Guten Tag Annelore!" Vor lauter Wut, daß ein Arbeitsmann es wagte uns anzurempeln, überhörte ich das ganz. Ich schaute den „Kerl" mal wuterfüllt an und plötzlich dämmerte es mir. Ich konnte nur noch sagen: „Oh Heiner, du bischt's!" Und siehe da, es war Heiner Steitz aus meiner Klasse. Wir gingen zusammen spazieren und erzählten uns und erzählten. Zu schnell ging uns die Zeit herum. Was hatten wir uns nicht alles zu erzählen und gerade da, da wir ja nichts mehr voneinander gewußt hatten. Wo aber werden unsre andern Jungens stecken? Lorch in Rußland, wo Hoche, Sterzel, Schimpf, Wisse, Schanz, Sette, Eichel, Sacher, Mack, Bobby, Flasch, Maus[25]

12. September.

Heute kam von meinen Eltern die Verpflichtung unterschreiben hierher. Am 10. August hatte wir erfahren, daß wir noch ein weiteres halbes Jahr im RAD bleiben.

Heiner ist gefallen[26]

---

[25] Hier bricht er Text ohne Satzzeichen ab.

[26] Wohl ein späterer Eintrag; dies ist die einzige Textstelle im gesamten Tagebuch, die nicht in Sütterlin, sondern in der heute üblichen lateinischen Schreibschrift geschrieben wurde.

20.9.1941.

Und nochmals hatte ich mich mit Heiner verabredet. Wir trafen uns in Schladming und marschierten bis nach Untertal rauf. Dann erfuhr Heiner, daß sie nächsten Morgen verladen würden. Nur durch Zufall hatte ich mich mit ihm für Samstag verabredet, sonst hätten wir uns nicht mehr gesehen.

Männliche Abteilung
RAD 1/263
Untertal.

Wasserfall

Rissachfall[27]

Schladming
mit Tauern

Untertal

---

[27] Hier sind die „Riesachfälle" gemeint.

Hochgolling
2.863 m

Rissachsee[28]
1.333 m

Schladminger
Hütte

---

[28] Riesachsee.

Gollinghüte 1.636 m

Ignaz Mattishütte
am Giglarchsee.

Hüttensee mit
hoher Wildstelle[29]
2746 m

---

[29] Auch: Hochwildstelle.

Ramsau 1100 m
mit Dachstein 3004 m

Silberkarklamm

Hoher und niederer
Dachstein

Dachstein

Austriahütte

Dachstein=Einstieg

Ramsau

Lodenwalcher[30]

Kulm mit
Scheichenspitze
2662 m

---

[30] Gemeint ist „Lodenwalker" (Lodenwalke Ramsau am Dachstein), ein traditionelles Textilunternehmen, 1434 gegründet; siehe https://en.wikipedia.org/wiki/Lodenwalker (28.02.2025)

Ramsau

St. Ruppert
am Kulm[31]

---

[31] Katholische Pfarrkiche St. Rupert am Kulm in Ramsau am Dachstein.

1. Okt. 1941.

Endlich ist es soweit, daß ich weiß, ob ich nun versetzt werden oder nicht. Ja, da hatte ich mal wieder Schwein gehabt. Ich sollte ja nach Admont kommen. Aber Frau Forstner hat um Ruht [sic] und mich Berufung eingelegt – und nun hatte es geklappt.

Am 1. kamen auch endlich ein paar Neue angewackelt und wurden mir als KÄ 1 übergeben. Ich konnte mich zwar nicht viel mit ihnen abgeben, da ich von früh bis spät am Wandteppich nähte. Währenddessen hütete Ruht [sic] Heidi und paßte auf, daß ja niemand in ihre Nähe kommen konnte. Oft saß ich dann ein paar Minuten bei ihr und wir wälzten die größten Probleme. Am 3. Oktober wurden wir alle als Kameradschaftsälteste vereidigt:

Ruht [sic] Geilert, Maria Sauer, Gusti Seydl und ich.

Walcher: Birnberg – mein weitester Außendienst

Die „Schnitzlerin"   .

Die „Kindsen"[32]

---

[32] Dialektal für „Babysitterin"; auf den Fotos ist Ruth Geilert mit Heidi zu sehen.

Bald darauf mußten auch Lieserl, Milla und Maria weg

4. Okt. 41.

Heute erhielt Anneliese Danner ihre Versetzung nach Hause. Also gingen wir
Sonntags ein letztes Mal in unsre Berge. Unser Ziel – der Kameterhof.

12. Okt. 1941.

Ein letztes Mal fuhr ich mit Anneliese nach Schladming, wo wir gemütlich im Café Miller saßen und Anneliese sich das letzte Mal von Frl. Fanni bedienen ließ.

Schladming, Ennstal

15. Okt. 1941.

Plötzlich stand ein ganzer Schock Mädels vor der Verwaltung. Es waren die ganz Neuen. Sie wurden auch gleich in Kameradschaften eingeteilt. Zu mir kamen[33]

19. Okt. 1941.

Heute fuhr ich auf eine Bastelwochenendschulung in Vertretung von Frau Forstner nach Schladming. Aber Neues habe ich wirklich nichts dazugelernt. Nur eine ehem. Kameradin (RAD) von Trudel Rothenfelder getroffen.

25. Okt. 1941.

Mit Frau Forstner fuhr ich in die Ramsau, um die Räumlichkeiten des Sommeraufenthalts für Dr. Decker, des Generalarbeitsführers, zu besichtigen. Wir brachten einen ganzen Rucksack voll Äpfel hin. Aber – oh je wir mußten herunterlaufen und da es schon zu spät war, rannten wir im Dauerlauf den Berg herunter. Ich habe über mich selbst sehr gewundert. Aber – schön war's doch!

---

[33] Hier folgen 11 Leerzeilen mit jeweils einem Punkt in der Mitte.

Ramsau. St. Rupert am Kulm m. Dachstein

Ramsau, 1100 m mit Dachstein, 3004 m
BL
718

BL
2457
RAMSAU
SILBERKAR-ALPE 1250 m. m. Schladminger-Tauern

Am 15. Okt. kam unsre „liebe" Dora Fischer weg auf die Schule und mich traf das Glück Küchenchef zu werden. Ich hatte eine Höllenangst – Hauschef war doch schöner – aber es ging doch noch an. Mit Lilli Müller war auch gut zu arbeiten. Frau Forstner hat während meiner Kuchenzeit einen ganzen Kilo [sic] zugenommen.

25. Okt. 1941.

Heute begleitete ich Ilse Kilian in ihren Außendienst zu Bilz. Wir gingen nach Ruperting, Ganz versteckt liegt das kleine Häuschen. Als wir hinkamen, war der Junge schon da. Wie er getauft werden sollte, war noch nicht amtlich – Herbert – Manfred – Johann.

BL
4441
Ruperting mit Dachsteingebiet (Steierm.)

Markt HAUS mit Kalbling.
BJ
2891

„Lodenwalcher" Ramsau bei Schladming
BL
2084

Dachstein, 2996 m vom Weg zum
Friedenskirchlein am Stoderzinken

34196
Dachstein, 2996 m. Ausstieg aus der Hunnerscharte.

25. Okt.
Jetzt ist schon alles
schön verschneit.
Und so „wunderbar"
kalt.

Heute begleitete ich Gusti Seydl nach Graz. Hinzus mußten wir durch das Gesäuse fahren.[34] Es war herrlich.

---

[34] Das Gesäuse ist ein Teil der Ennstaler Alpen.

Gesäuse — Hochtorgruppe
3041

HIEFLAU im Ennstale.
890

Gesäuse. Ennsbrücke Gstatterboden u. Reichensteingruppe 2247 m.
BL
686

Eisenerz mit Seemauer, Steiermark
558-81

BL
2682
Gesäusestraße, Hochstegtunnel, Planspitze, 2117m

In Graz kamen wir gar zu spät an. Wir machten uns sogleich auf den Weg zur Bezirksheilstube.[35] Dort lieferte ich Gusti ab und dann machte ich mich durch die Grabenstraße auf den Weg zur nächsten Haltestelle, um in der Radezkystr. [sic] Zuflucht zu suchen. Im Dunklen tastete ich mich in den Häuserwänden vor und dort angekommen, wurde ich mit großem Hallo empfangen. Wir mußten uns dann gleich fertigmachen für die Feierlichkeit im Stefaniensaal, wo Dr. Decker zu den Kriegshilfsdienstverpflichteten sprach.

Dort traf ich all unsre Maiden: Luise Moser, Hella Doppler, Hedi Geggus vom Landsgericht, Hannel Janisch, Maria Moser, Hilde Kneuker. Selbst zwei meiner ehemaligen Speyerer Schulkameradinnen Erna Guckel und Suse Meyer. Nach der Feier gingen Hertas Mutter und Tante mit uns ins Café Herrenhofer. Dort tauschten Herta, Hedi, Hella und ich unsre alten Erinnerungen aus. Bei Schintzigs schlief ich mit Herta im Zimmer in so wunderbarem weichem Bett. Morgens um ¼8 ging's wieder gemeinsam aus den Federn, dann besuchten wir die Arbeitsstätten meiner Kameradinnen. Und wir zogen los durch die Stadt: Hedi – Hella – Maria – und ich um Gusti zu besuchen.

---

[35] Krankenstation des Reichsarbeitsdienstes.

Aber der Vogel war ausgeflogen und im Krankenhaus zur Untersuchung.

Hertas Arbeitsstätte
in der Reichstatthalterei

Verfrüht – aber dennoch lehrreich!

Zum Essen mußte ich wieder bei Herta sein. Wie die mich aber verwöhnt haben. Ich bekam Fleisch und durfte nicht wiedersprechen [sic], mußte es essen. Am Mittag versuchten wir dann Friedels Arbeitsstätte zu erkunden. Nachdem wir schließlich sämtliche Kliniken angeläutet hatten, landeten wir schließlich in der 1. Chirurgischen Klinik I. Und um ½5 machte ich mich mit der 7-er auf den Weg dorthin. Überall mußte ich nachfragen bis ich schließlich im III. OPtrakt landete. Dort schaute ich ins Untersuchungszimmer rein. Friedel saß dort inmitten kleiner Kinder. Ich schaute nur rein. Friedel schaute mich an – ihre Augen wurden immer größer …. Schließlich sprang sie auf und noch immer konnte sie es nicht glauben, daß ich vor ihr stand. Sie hatte wohl Dienst; aber für 2 Stunden wollte sie sich frei machen. Um ½7 Uhr mußte ich wieder bei Schintzigs sein. Und wieder bekam ich eine Extrawurst – im wahrsten Sinn des Wortes. Dann nahm ich die Hausschlüssel und ging los zum Jakominiplatz. Dort traf ich noch Hannel Janisch und dann ging ich mit Friedel ins Café Erzherzog Johann, wo wir ganz gemütlich saßen und plauschten. Wir waren beide so glücklich. An alle erdenklichen Leute schrieben wir Karten von Graz. Bis wir schließlich um ½10 Uhr aufbrechen mußten. Friedel fuhr mit der Bahn weg und noch lange winkte sie mir zu. Bei Herta dann gingen wir – Herta und ich gleich ins Bett. Wir erzählten und erzählten – bis Herta schließlich in den Sinn kam, jetzt müßte sie ihren Bären im Bett bei sich haben. Sie sprang auf – ergriff ihn – und mit einem Satz saß sie wieder in den Federn. Dabei aber hatte sich ihr Kopfpolster verschoben und Zeitungspapier schaute hervor. Herta war baff und wickelte das fremde Etwas aus; aber jetzt war sie noch mehr baff; denn gerade das Buch, das sie sich kurz vorher gewünscht hatte, lag in ihrer Hand. Nun aber sprang sie rüber zu mir und umarmte mich. Sie konnte sich fast nicht mehr kriegen vor Freude. Wir unterhielten uns noch sehr, sehr lange. – Morgens standen wir zusammen auf. Ich begleitete Herta noch ein Stück, ging dann Heim, packte meine „Siebensachen" zusammen und machte mich per Tram auf zur Bahn. Zuvor aber hatte mir die ganze Familie das Versprechen abgenommen, in meinem KÄ-Urlaub ja wieder zu kommen.
Auf der Tram traf ich Hildegard Kneuker ein letztes Mal und dann saß ich im Zug. Um ½10 Uhr ging die Fahrt in Graz los und um ½3 war ich in Schladming. Je mehr wir Haus zu kamen, desto höher wurde der Schnee – in Graz hatte es geregnet – dann geschneit. In Schladming sah ich keinen Bus …. er war nicht durchgekommen. Plötzlich um 6 Uhr kam er. Mit ihm fuhr ich nach Haus. Schwerbepackt kam ich endlich um ½7 Uhr an.

Blick aus unserm Lager

12.11.41.

Heute in der Frühe zog ich aus Kerzen zu kaufen. Zunächst ging [ich] nach Haus und suchte alle Geschäfte ab.

Aber ich kam kaum vorwärts, denn die Wege waren so furchtbar vereist. Zwei vor – drei zurück und wiederum zwei vor – drei zurück usw. Aber ich [habe] doch ziemlich zusammengekriegt – mehr als ich je denken mochte. Ich ging noch zu Lilli bei Mößlzl's.[36] Frau Gretl war leider fort bei Herrn Clementi, daß er zur alten Frau Präßul kommen solle.

---

[36] Soll wahrscheinlich „Mößl's" heißen.

Von Haus marschierte bzw. fuhr ich mit dem Ochsenfuhrwerk über Ennsling nach Höhenfeld.

+Dann ging ich noch nach Weißenburg hinunter
und danach zurück nach Haus ins Lager.

So war es einst bei uns im Sommer. Ganz am Schluß meines ersten halben Jahres sagte Frau Forstner, nun dürften wir anstellen, was wir wollten. So stellte die erste Kameradschaft aus Rache für früher verführte [sic] Misseta-

ten, der 2. die Schule in Reih und Glied auf den Schuppen. Den nächsten Morgen mußte jede einzelne hinaufklettern und ihre Schuhe selbst herunterholen. Aber siehe

da, einen Tag darauf hingen die Schlafanzüge der ersten verknüpft hoch droben in unserm Vogelbeerbaum. Milla und Christa holten sie herunter, natürlich unter unserem Gelächter und unter Staunen der Bevölkerung, die geglaubt hatte, es hätte [sich] da droben jemand aufgehängt.

Frl. Hinterer, Frl. Klem u. Frl. Kauter
im Sommer.

So räumten wir im Sommer unsren
neuen Möbel ein.

So machten wir
im Sommer Spiele

Gesellschaftsspiel mit der
Streichholzschachtel

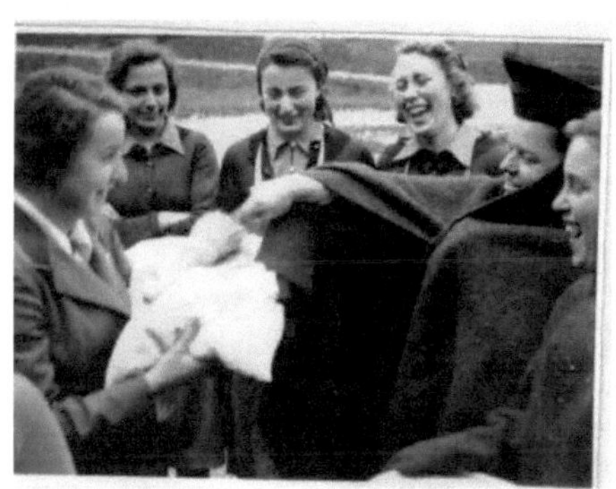

Taufe von Besen und Schaufel. Die beiden Gegenstände wurden feierlich auf den Namen Eduard und Kunigunde getauft. Frl. Briner war Taufpate und Christa Steffens der Pfarrer. Wir andern bildeten die Masse der Taufzeugen.

Zwei fleißige Maiden sitzen da und putzen Fenster.
(Gerta Schintzig und ich)

17.10.41.
Nun ist schon Schnee gefallen und mit dem Schlitten muß man weg Tischschmuck
holen.

Die Laubbäume sind schon ganz kahl.

Morgenrot im Ennstal, die Berge erglühen ganz rosa,
dann werden sie immer heller.

Gröbming.

Heute war ich mit Frau Forstner in Gröbming Bastelkram einkaufen. Vor allem schauten wir nach Holz und ich glaube, wir bekommen alles.

Als wir Abends heim kamen, war Klara da. Den nächsten Tag faßte sie ihre Beklei-
dung und nähte ihre Namen ein. Und zwei Tage drauf kam der Bescheid vom Bezirk,

daß sie sich am 24 [24. November] bei der Gruppe in Lienz zu melden habe. Jetzt
konnte sie wieder ihre Sachen packen, um nach Lienz abdampfen zu können. Eines-
teils ist es bestimmt recht schön, denn sie ist daheim, aber das ewig Ungewisse ist
auch nicht angenehm.

30.11.1941.

Heute nacht um ½11 Uhr ging es los mit dem Zug nach Schladming. Unser endgültiges Reiseziel war das Lager Schönberg bei Graz. Wir, das sind außer mir noch Ruth und Anita, kamen dort auf ein Kameradschaftsältestentreffen. In Schladming hatten wir 3 Stunden Aufenthalt, den wir mit Kommerzspiel ausfüllten. Und im Zug gerieten wir unglücklicherweise in einen Wehrmachtswagen, sodaß wir lange im kalten zugigen Gang stehen mußten, bis sich schließlich doch ein paar Soldaten sich unser

erbarmten und uns ins Abteil reinholten. In Graz kamen wir um 7 an, wo wir uns erst mit Kaffee und selbst mitgebrachten Jausebroten stärkten. Dann, etwa um 9 Uhr machten wir uns, nachdem wir einige unsrer Koffer aufgegeben hatten auf den Weg zu Herta Schintzig. Dort wurden wir von Frau Schnitzig liebevoll mit einem heißen Tee empfangen. Und dann ging's los einkaufen. Von Buchhandlung zu Buchhandlung sausten wir und hamsterten Inselbücher als Weihnachtsgeschenk für unsere Maiden. Und um 5 Uhr ging es dann endgültig nach Schönberg Station Lebring. Bei der Kälte mußten wir dann noch eine ¾ Stunde laufen. Inzwischen waren noch mehr Kameradschaftsälteste dazugekommen, sodaß wir schon ein schönes Trüpplein waren, das da einer ungewissen Zukunft entgegenschritt.

Im Lager angekommen wurden wir mal zunächst in unsern Schlafraum gewiesen. Dort lagen Strohsäcke auf dem Boden und darauf die schon früher angekommenen Kameradschaftsältesten und ergingen sich in den schönsten Liedern. Über sie möchte ich ganz schweigen. Am nächsten Morgen ging der Betrieb erst richtig los. Wir mußten zwar nicht antreten. Aber trotzdem benutzten wir unsern Trainingsanzug, denn wir konnten uns im Waschraum prima duschen. Darauf fühlte man sich frisch für den ganzen Tag. Dann hatten wir Schulungen von Frl. Ziegler, Frl. Zeitler, Frl. Hinterer, Frl. Scholz und Frau Dr. Schlanitz. Am 2. Tag mußten wir eine kleine Arbeit schreiben. Ich wählte das Thema: „Mein Verhalten gegenüber Gefangenen und anderen Fremdvölkischen." Freitags war Hauswirtschaft an der Reihe und morgens hatten wir praktisch. Ich mußte Brotaufstrich machen ohne Butter. Da machte ich geriebene Möhren und Äpfel mit Zucker, dann durchgedrückte Kartoffeln mit Käse und anderen Geschmackszutaten, dann ebenfalls Kartoffeln mit Meerrettich und Äpfeln, und als letztes noch fein gehacktes Fleisch mit einer Einbrenne und noch Geschmackszutaten wie Gurken, Senf usw. vermischt. Die Schulungen waren ganz herrlich, das Essen gut und am Nicklaustag [sic], stellte man uns sogar 5 Schüsseln Konfekt hin.

Aber im Lager die Maiden machtens noch viel schöner. 10 Krampusse[37] kamen ins Lager und stellten viel Tumult an.

An die Belegschaft   10/222 des Lagers.

Gott grüß Euch, liebe Arbeitsmaiden!
Ich weiß, Ihr könnte mich gar nicht leiden,
Doch ob ich wollt, oder nicht,
Es war mir eine heilge Pflicht,
Bei Euch heut Abend vorzusprechen
Und Euch gehörig durchzudreschen.
Warum, weshalb, das wißt Ihr wohl?
Nein?!? Na, redet doch nicht so ein Kohl!
Gar viele Klagen hab ich vernommen,
Auch gutes ist mir zu Ohren gekommen,
doch grade in der letzten Zeit,
Wart Ihr zu garnichts mehr bereit!
Davon zu sprechen komm ich heut:
Ach, bei der Ersten, da muß ich beginnen,
Seht Ihr, wie mir die Tränen rinnen?
Oh, weh, mein armes Krampusherz, es zittert,
Wenn ich die Minna sah, so sehr verbittert,
Von Frau Forstner, Eurer Lagerführerin.

Sagt, was kommt Euch in den Sinn,
Was fällt euch ein, was glaubt Ihr wohl,
Wie das noch weiter gehen soll?
Die Spinde sehen aus gottjämmerlich,
Die Schiche[38] sind ganz fürchterlich!
Von Frühdienst kann man garnichts sagen,
Wie die sich mit dem Bauer plagen!
Und 's wird doch nix.
Ja, Kruzifix,
Kann denn bei Euch auch garnichts klappen.
Ich wird Euch gleich beim Kragen schnappen.
Oh weh, und wenn's so weiter geht,
Im Arbeitspass ein „Gut" dann steht!

Und nun zur Zweiten. Hier ist's schon besser.
Ihr Künstler mit dem Sägemesser
Bild't Euch darauf ja nur nichts ein,
Auch Ihr habt viele „Mängellein" [sic]!
Ihr wolltet „Sorgenkinder" heißen,
Doch diesen Plan mußtet Ihr umschmeißen,
Denn gar zu sehr sägt in der Nacht,
So daß das ganze Lager wacht,
Das Sägewerk in allen Tönen.
Na, daran muß man sich gewöhnen.

Die Schnaggelbude ist ganz groß,
Da ist doch immer etwas los,
Die haben alle sehr viel Witz,
Und sind zur Stelle wie der Blitz.
Und doch auch hier muß ich was sagen.
Es geht doch nirgends ohne Klagen!
Oft gute Luft im Schlafsaal fehlt,
Lang hat man sich nach dem Täter gequält!!
Er ist ertappt. Doch will ich schweigen,
Die Folgen werden sich ja zeigen.
Ich, der Krampus hab vernommen,
Daß Ihr sollt auseinanderkommen.

---

[38] Ein dem Herausgeber unbekannter Ausdruck, vielleicht sollte es „Schichte" heißen.

Doch seid darum nicht allzu bange –
Ich halte Euch beim Stab die Stange.

„Heilige Ordnung" herrschet hier,
In der Kameradschaft 4.
Bis jetzt tut es zwar immer klappen,
Doch laßt Euch ja nicht mal ertappen,
Daß etwas nicht in Ordnung ist,
Sonst ist die Heiligkeit ein Mist.
An etwas habt Ihr Euch gewöhnt
Und das ist bei uns sehr verpöhnt [sic]:
Im Schlaf zu reden. Also bitte,
Benehmt Euch, wie's verlangt die Sitte.

Bevor ich meine Rede ende,
Ich mich nun an den Stab noch wende.

Ein blondes Fräulein, sehr bedacht,
Über die ganze Wirtschaft wacht;
Dieses tut sie gar zu gut,
Daß die Maiden schwitzen Blut.
Ein süßes Tierchen liebt sie sehr,
Sie wollt, es gäb es nimmermehr!
Sie schmettert wie eine Posaune.
Und sie ist meistens guter Laune.

Nun gibt's im Lager ferner wen,
Den man nur selten kriegt zu sehn.
Wer über den Tabellen sitzt,
Trotz großer Hitze niemals schwitzt.
Und im höchsten Grade ist erfreut,
Wenn's einmal heißt „Umtauschen" ist heut.

Tabletten, Rizinus und anders mehr
Gibt sie in reichen Mengen her.
Ich glaub' Ihr wißt schon, wen ich mein.
's kann nur die erste Gehilfin sein!
Braun wie ein Bergbauer, lustig und froh,
Wünsch Euch, daß immer sie bleibe so!!

Von ganz besonderer Funktion
ist – – – na, Ihr wißt es sicher schon.
Sie ist gestreng und sehr genau,
Wehe, seid mir ja nicht flau!
Erzürnt sie nicht, seid auf der Hut.
Im Grund doch ist sie herzensgut.
Sie ist Euch stets der beste Kamerad.
Ihr könnt es danken nur durch Eure Tat!

Drum folgt mir, seid schön brav und nett,
und …. fallt heut nacht nicht aus dem Bett.

Am Sonntag durften wir schon nach Graz. Da traf ich mich natürlich mit Friedchen
und Abends gingen wir aus. Einmal ins Opernhaus in Bajazzo und am Montag Abend
in den Film „Heimkehr".

Unser Tageslauf !

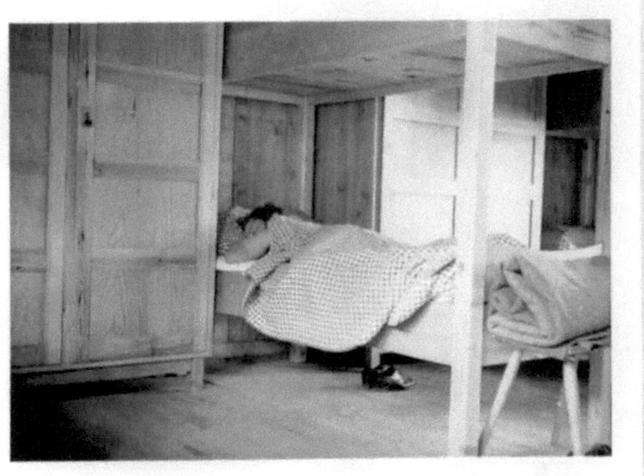

6.⁴⁴   Alles noch in tiefer Ruh !

6.⁴⁵   Wecken

Alles hippt aus den Betten

Und rennt heraus und im

Eiltempo auf die Achterbahn,

um 6^{55} beim Antreten da zu sein.

7⁰⁰   Nachrichtenhören

und darnach Frühsport auf unsrer Wiese

7^{40} Es gongt zur Fahne und

7^{45} stehen wir alle um den Fahnenmast.

8^{00} Frühstück im Tagesraum und

anschließend Singen.

10^{00} Antreten zum Außendienst

Praktische Arbeit in der Küche
(Emma Niebel, der Küchenjunge)

Liesel Heidinger, unsre Clofrau-

Bei der Krankenpflege.

Beim Hausdienst. (Inge Kieser)

Der Waschküchenchef: Chrischan[39]

---

[39] Üblicherweise ein männlicher Vorname.

Jutta im Pflanzgarten

18^{00} vom Außendiesnt zurück:

Schuhe putzen

und Duschen im Duschraum.

Maria Sauer meldet sich „zackig" ab.

In einer freien Minute: Blick aus dem Fenster

Erna wird versetzt und muß ihre Namen austrennen

Nach dem Gute-Nacht-Sagen.
Heimliches Heidelbeeressen.

Wir feiern Ernas Geburtstag.
Von links nach rechts:
Jutta Runge, Dora Fischer, Hanni Tschikoff, Erna Beer, ich,
Emma Niebel, Lieserl[40] Heidinger, Hilde Kneuker.

---

[40] Beide Schreibweisen tauchen auf: „Liesel" und „Lieserl Heidinger".

Ernas Abschiedsfeier,

Von links nach rechts:
> Lieserl Heidinger, Emma Niebel, Hilde Kneuker, Hedi Braun, ich,
> Frau Forstner, Erna Beer, Lorle von Savageri, Hanni Tschikoff, Klara
> Rogginer, Jutta Runge.

ANHANG

Exemplarische Einblicke ins Original[41]

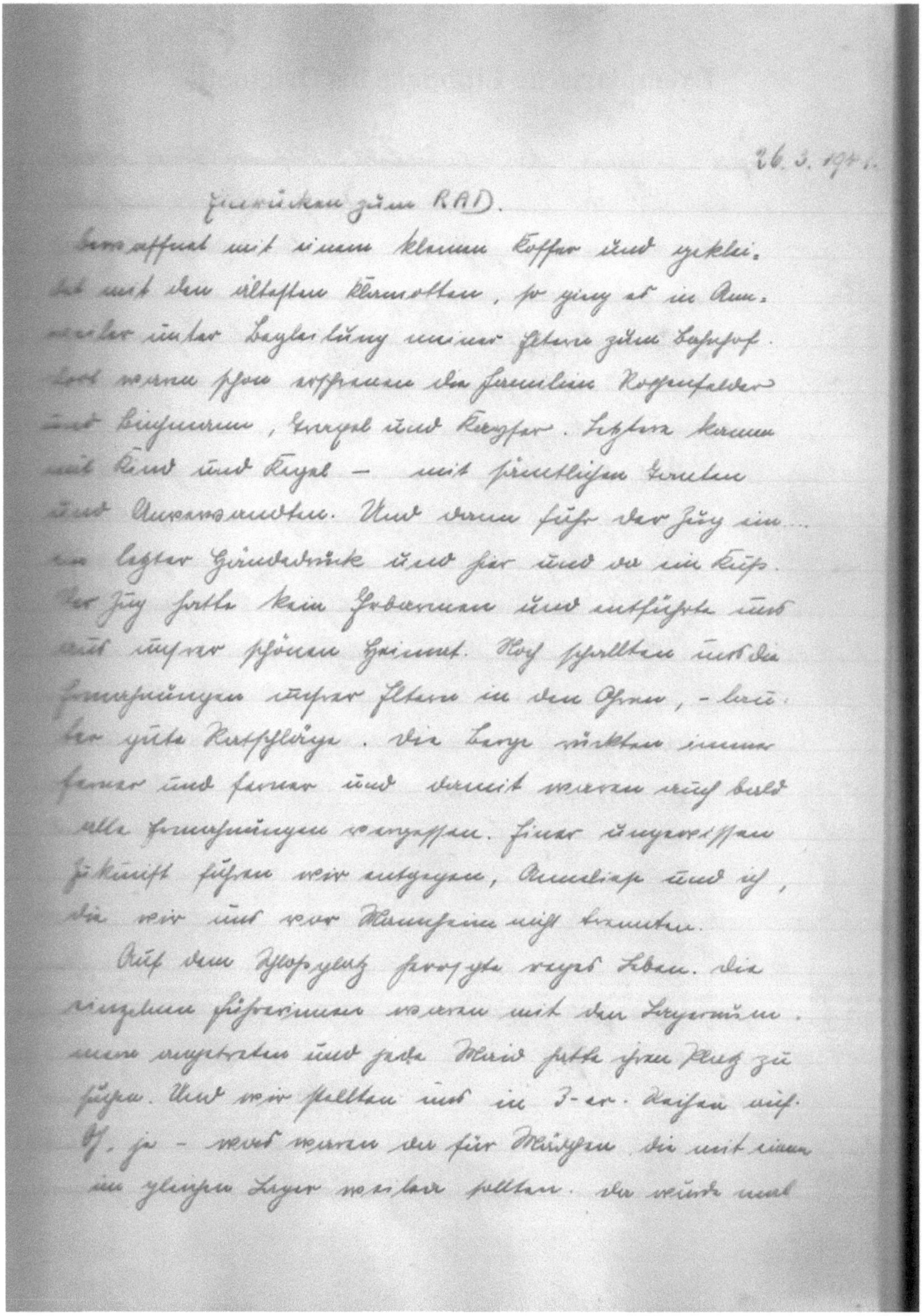

Zurückkehr zum RAD.

[handschriftlicher Tagebucheintrag in deutscher Kurrentschrift, größtenteils nur schwer lesbar]

Unser Tagesplan

6.45   Wecken
6.55   Frühsport
7.00   Nachrichten
7.10   Waschen und Bettenbauen
7.45   ...
8.00   Frühstück
8.15   praktische Arbeit
9.00   Schulung
9.45   ...
10.00 Außendienst
10.00 praktische Arbeit
12.00 Mittagessen
13.00 praktische Arbeit
15.00 ...
15.15 praktische Arbeit
18.00 vom Außendienst zurück: ...
18.45 Waschen und ... (...)
19.00 Abendessen
19.30 Singen oder Lesen oder Basteln
21.00 ...
21.30 Bettruhe

. . . .

Lagerruhe !!!

Bei der großen Heuernte im Lager durften
wir auch nicht fehlen.

Heute abend hatten wir alle was gefeiert.   12. 7. 1941.
Besonders die rege Kameradschaft trieb es recht
toll. Wir kampierten im Schweinestall. Und
fragen alle möglichen und unmöglichen Sachen.

Fotos aus der Nachkriegszeit

Im Nachlass meiner Mutter fand sich ein kleines Album mit Familienfotos. Es wurde wahrscheinlich von ihr selbst zusammengestellt und enthält durchweg Fotos, die „Tante Lore" gemacht hat bzw. die unter ihrer Regie entstanden sind. Nur wenige sind datiert. Sie betreffen die Zeit zwischen 1948 und etwa 1960.

Die ausgewählten Fotos können einen Eindruck von der Freundschaft zwischen beiden Frauen vermitteln, die in ihrem Arbeitsdienst 1941 in der Steiermark begann. Sie studierten später gemeinsam Germanistik in Tübingen, dann in Heidelberg. Die Heirat meiner Mutter 1944 bedeutete eine räumliche Distanzierung. Während Lore Wittmann in Annweiler blieb und als Lehrerin tätig wurde, zogen meine Eltern nach einer kurzen Zwischenstation in Bergzabern (Südliche Weinstraße), wo ich 1946 geboren wurde, nach Gerbach (Nordpfälzer Bergland), wo sich mein Vater als praktischer Arzt niederlassen konnte. Die Fotos von Tante Lore zeigen Szenen aus meiner Kindheit – kostbare Spuren der Erinnerung.

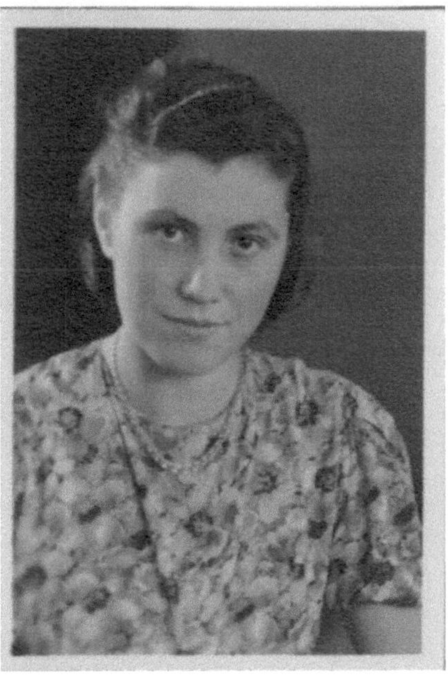

Meine Mutter Ruth Schott, geb. Geilert
(undatiert)[42]

---

[42] Dieses Foto, das erste im Album, ist auf die Innenseite des vorderen Buchdeckels geklebt.

Tante Lore (rechts) hält mich im Arm, daneben meine Mutter
mit meinem jüngeren Bruder Wolfgang (etwa 1949)[43]

Tante Lore zu Besuch an Weihnachten,
ich auf dem Schaukelpferd (1950?)

---

[43] Während eines Spaziergangs in Gerbach, vermutlich wie das folgende Foto von meinem Vater
mit dem Apparat von Tante Lore aufgenommen.

Familienausflug mit Tante Lore (rechts)
zur Moschellandsburg bei Obermoschel
(August 1951)

Vor meinem Elternhaus in Gerbach, (Ostern 1953)
mit Tante Lore (links) und Patenkind Gerlinde (rechts)[44]

---

[44] Rechts neben der Haustür das Praxisschild, mein Vater in Arztkittel mit Krawatte.

Meine Ferien in Annweiler,
mit Tante Lores Dackel „Susi"

Tante Lore und ich

Tante Lore (Mitte) zu Besuch in Gerbach
mit meinen Eltern (ca. 1958?)

SCHOTT's NEUE BIBLIOTHEK

Schriftenreihe im Verlag BoD – Books on Demand

Bisher erschienen:

Band 1

Heinz Schott: *Himmel oder Hölle. Ansichten zur menschlichen Sexualität*
Paperback; 244 Seiten
ISBN: 9783837006018
Erscheinungsdatum : 23.03 .2017
 – Nachträglich der Schriftenreihe als Band 1 zugeordnet .

Band 2

Heinz Schott: *Fluidum. Magische Momente des Mesmerismus*
Paperback ; 148 Seiten
ISBN: 9783744802055
Erscheinungsdatum: 21.04.2017

Band 3

Alice B. Stockham: *Karezza. Ethics of Marriage*
Edited by Heinz Schott
Paperback; 72 Seiten; Sprache: Englisch
ISBN: 9783744815086
Erscheinungsdatum : 04.05 .2017

Band 4

Heinz Schott: *Magie of Nature. On the Mystery of Healing*
Paperback ; 152 Seiten; Sprache : Englisch
ISBN: 9783746064956
Erscheinungsdatum : 17.01.2018

Band 5

Alice B. Stockham: *The Lover's World. A Wheel of Life*
Edited by Heinz Schott
Paperback; 360 Seiten; Sprache : Englisch
ISBN: 9783749432271
Erscheinungsdatum : 22.05.2019

Band 6

Richard Wagner: *Eine Pilgerfahrt zu Beethoven. Novelle*
Herausgegeben von Heinz Schott
Paperback; 48 Seiten
ISBN: 9783750461222
Erscheinungsdatum : 27.02 .2020

<u>Band 7</u>

Heinz Schott: *Corona und was die Seuchengeschichte lehrt. Essay*
Paperback; 100 Seiten
ISBN: 9783751981095
Erscheinungsdatum : 18.10.2020

<u>Band 8</u>

Heinz Schott: *Arbeit und Krankheit.*
Ein medizin-soziologischer Beitrag zur Problematik der Rehabilitation .
Versuch einer wissenschaftskritischen Bestandsaufnahme.
Doktorarbeit von 1974 mit einem aktuellen Rückblick.
Paperback; 344 Seiten
ISBN: 9783752638769
Erscheinungsdatum : 05 .02.2021

<u>Band 9</u>

Carl Gustav Carus: *Ueber Geistes-Epidemien der Menschheit* (1852)
Mit Anmerkungen und einem Nachwort herausgegeben von Heinz Schott
Paperback; 72 Seiten;
ISBN: 9783755709695
Erscheinungsdatum : 11.03.2022

<u>Band 10</u>

Willy Hellpach: *Die geistigen Epidemien* (1906) .
Mit einem Nachwort herausgegeben von Heinz Schott
Paperback; 124 Seiten
ISBN: 9783753498362
Erscheinungsdatum : 09 .08.2022

<u>Band 11</u>

Heinz Schott : *Die Gedanken sind frei! Ein Essay zur Zeitenwende .*
Paperback; 144 Seiten
ISBN: 9783758302237
Erscheinungsdatum : 13.11.2023

<u>Band 12</u>

Heinz Schott: *Auf der Couch: Karikaturen zur Psychoanalyse. Eine kritische Studie*
Paperback; 84 Seiten; Großformat, mit 44 farbigen Abbidlungen
ISBN: 9783759735188
Erscheinungsdatum: 12.06.2024

Bestellungen (Druckausgabe oder E-Book) direkt bei BoD Buchshop
https://www.bod.de/buchshop/